PROFIL D'UN

Collection dirigée par George

POÉSIES
VERLAINE

ÉTUDE THÉMATIQUE

---

par Michel BARLOW

professeur à l'Ecole Normale
d'instituteurs de Saint-Etienne

pour Henry Doray,
mon maître et mon ami.

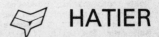 **HATIER**

Sommaire

© HATIER - PARIS SEPTEMBRE 1982

ISSN EN COURS   ISBN 2-218-**06219**-4

Les textes de Verlaine que nous citons sont emprun-
tés aux éditions les plus courantes : « Livre de poche »,
collection « Presses pocket » ou à défaut Editions de la
Pléiade (Gallimard). Les références précises sont
indiquées après chaque citation.

Introduction :
Verlaine par lui-même

(ESSAI D'AUTOPORTRAIT
EN HUIT CITATIONS)

Toute sa vie et tout au long de son œuvre, un poète ne cherche peut-être pas autre chose qu'à se dire lui-même, exprimer le mystère et l'espoir de sa propre destinée. Lors donc qu'il parle à la première personne, qu'il dit « je suis », il nous devient étrangement proche. Le temps d'un vers, on est à l'unisson, on respire selon l'inimitable tempo qui l'a fait lui-même poète. En rassemblant ces citations éparses à la première personne, on peut brosser à grands traits une sommaire autobiographie du poète :

LE POÈTE ET SON TEMPS :

Suis-je né trop tôt ou trop tard ?
Qu'est-ce que je fais en ce monde ?
> *Sagesse,* III, 4 (Livre de poche, p. 126)

Je suis l'Empire à la fin de la décadence,
Qui regarde passer les grands Barbares blancs
En composant des acrostiches indolents
D'un style d'or où la langueur du soleil danse.
> « Langueur », *Jadis et Naguère*
> (Presses Pocket, p. 160)

LE POÈTE ET SA DESTINÉE :

Je suis élu, je suis damné !
Un grand souffle m'entoure.
O terreur !...
> Inédit (Pléiade, p. 215)

Par instants je suis le pauvre navire
Qui court démâté parmi la tempête,
Et, ne voyant pas Notre-Dame luire,
Pour l'engouffrement en priant s'apprête.

Romances sans paroles (L. de poche, p. 50 ;
Presses Pocket, p. 60)

J'étais le vaincu qu'on assiège,
Prêt à vendre son sang bien cher,
Quand, blanche, en vêtement de neige,

Toute belle, au front humble et fier,
Une Dame vint sur la nue...

Sagesse, I, 2 (L. de poche, p. 64)

LE POÈTE ET LES AUTRES :

L'ennui de vivre avec les gens et dans les choses
Fait souvent ma parole et mon regard moroses.

Bonheur, XXIV (Pléiade, p. 691)

Ah ! quel cœur faible que mon cœur !

Parallèlement (Pocket, p. 276)

Je ne sais pourquoi
Mon esprit amer
D'une aile inquiète et folle vole sur la mer.
Tout ce qui m'est cher,
D'une aile d'effroi
Mon amour le couve au ras des flots. Pourquoi ?
Pourquoi ?

Sagesse, III, 7 (L. de poche, p. 129)

Ces quelques vers suffiront sans doute à nous mettre
dans le ton. Ils laissent deviner ce que fut l'existence
tourmentée du poète. Dans ce kaléidoscope de couleurs
diaphanes, dans ces bribes de poèmes-chants, on voit
poindre la plupart des grands thèmes qui animent l'œuvre
de Verlaine : sa résignation et sa désespérance devant le
mystère de sa propre destinée, son malaise dans l'époque
qui était la sienne, et l'espoir insensé d'une rencontre
humaine ou surnaturelle qui vienne combler son at-
tente...

Verlaine et son temps

1

Une enfance banale

1844 (30 mars) Naissance de Paul Verlaine, à Metz, où le père du poète, officier du Génie, est en garnison. Les parents de Verlaine, longtemps restés sans enfants, ont adopté une nièce, Elisa, qui sera pour leur fils une grande sœur pleine d'indulgence. Enfant unique, Verlaine est scandaleusement « gâté » par sa famille.

1851 (7 ans) Le père de Verlaine démissionne de l'armée pour se consacrer à l'éducation de son fils. Le petit Verlaine manifeste un goût précoce pour le dessin et la caricature.

1855 (11 ans) Verlaine commence ses études au Lycée Condorcet à Paris. D'abord satisfaisants, ses résultats sont catastrophiques à partir de la 4ᵉ. Il lit beaucoup et écrit ses premières œuvres : des nouvelles « sous-marines à la façon d'Edgar Poe » et des vers « obscéno-macabres ». Premières expériences homosexuelles.

1858 (14 ans) Verlaine envoie à Victor Hugo un poème de sa composition intitulé « La mort ».

1862 (18 ans) Réussite au Baccalauréat après quelques mois de travail consciencieux. Verlaine s'inscrit à la Faculté de Droit, mais, très vite, devient employé de bureau dans une compagnie d'assurances puis à l'Hôtel de ville de Paris. Il publie quelques poèmes dans des revues, fréquente beaucoup les cafés. Tendances alcooliques et liaisons homosexuelles.

1863 (19 ans) Pendant l'été, il tombe éperdument amoureux de sa sœur adoptive, Elisa, qui est mariée et mère de famille. La jeune femme repousse ses avances, affectueusement mais fermement.

Un génie précoce

1865 (21 ans) Il est chargé de la critique littéraire dans la revue l'*Art*. Il « éreinte » Barbey d'Aurevilly, encense Hugo et Baudelaire. Dans le salon d'un ami, il rencontre les plus grands poètes du moment : François Coppée, Théodore de Banville, José-Maria de Heredia, Leconte de Lisle. Le père du poète meurt dans les derniers jours de l'année.

1866 (22 ans) Publication des **Poèmes saturniens** dont le tirage est financé par Elisa. Selon Verlaine, les trois quarts des pièces qui composent le recueil auraient été écrites pendant la classe de 2e et de 1ere — certaines même en 3e.

1867 (23 ans) Mort d'Elisa. Verlaine, effondré, sombre dans l'alcoolisme, puis s'étourdit d'activités. Il collabore à diverses revues, signe avec François Coppée un sketch *Qui veut des merveilles*? Edition clandestine des sonnets érotiques *Les amies*, repris dans *Parallèlement*.

1869 (25 ans) Publication des **Fêtes galantes.**
Verlaine s'éprend de la sœur d'un ami, Mathilde Mauté, qui n'a que seize ans. Alcoolique et violent, Verlaine retrouve, pendant ses fiançailles, une vie sobre et régulière. Les poèmes qu'il dédie à Mathilde trouvent place dans le recueil **La bonne chanson** qui paraît l'année suivante.

1870-1871 (26-27 ans) Guerre entre la France et l'Allemagne. Mariage de Verlaine et de Mathilde (11 août 1870). Poussé par Mathilde, Verlaine s'engage dans la Garde nationale, mais « tire au flanc ».
Pendant la Commune de Paris (mars à mai 1871), révolte populaire contre le pouvoir « bourgeois » de M. Thiers, Verlaine, qui a des sympathies socialistes, se met au service de la rébellion comme attaché de presse.
Naissance de Georges Verlaine, le fils du poète (octobre 1871). Lettres de Rimbaud, alors âgé de seize ans, qui ne connaît Verlaine que par ses livres. Verlaine accepte d'accueillir chez lui l'adolescent en révolte contre sa famille. Naissance d'une relation homosexuelle entre les deux hommes. Rimbaud scandalise la famille et les amis de Verlaine par ses manières de voyou. Les deux amis ne se rencontrent plus qu'en cachette de Mathilde.

1872 (28 ans) Un dimanche de juillet, sur un coup de tête, Verlaine et Rimbaud partent ensemble en Belgique, puis en Angleterre. Après une tentative pour ramener son mari à la raison, Mathilde demande le divorce.

juillet 1873 (29 ans) A Bruxelles, au cours d'une violente dispute, Verlaine tire un coup de revolver sur Rimbaud. Celui-ci n'est que légèrement blessé, mais Verlaine est condamné à deux ans de prison pour tentative d'homicide. Il purge sa peine à la maison d'arrêt de Mons (Belgique).

mars 1874 (30 ans) Publication des *Romances sans paroles*.

La conversion

août 1874 Brusque conversion religieuse de Verlaine qui avait perdu la foi depuis l'enfance. Détendu, heureux, Verlaine apprend le dogme catholique. Sous l'influence de ses lectures (notamment J. de Maistre), il se rapproche du courant monarchiste et traditionaliste.

janvier 1875 (30 ans) Fin de la détention. Vaine tentative pour « convertir » Rimbaud.

1875-1877 (31-33 ans) Verlaine devient professeur de français et de dessin dans un pensionnat anglais du Lincolnshire. Vie calme et heureuse.

octobre 1877-juillet 1879 (33-35 ans) Verlaine est professeur dans un collège religieux de Rethel (Ardennes). Après une conduite exemplaire, il se remet à boire et fait scandale. Il se prend d'une affection toute paternelle pour un de ses élèves, Lucien Létinois, alors âgé de dix-huit ans.

fin 1879 (35 ans) Verlaine et Létinois travaillent quelques mois comme professeur et surveillant dans une école anglaise.

1880 (36 ans) La mère de Verlaine consacre ses dernières économies à l'achat d'une ferme dans les Ardennes pour son fils. Verlaine et Létinois travaillent la terre.

1881 (37 ans) Publication de *Sagesse* chez un éditeur catholique. Le livre n'a aucun succès (huit exemplaires vendus !).

1882 (38 ans) L'expérience agricole de Verlaine s'achève par une faillite retentissante. Il ne trouve pas d'emploi en raison de son casier judiciaire et se condamne, pour survivre, aux « travaux forcés littéraires ». Suite d'œuvres en prose assez médiocres : *Nos Ardennes* (article touristique), *Voyage en France par un Français* (pamphlet réactionnaire et clérical), *Les poètes maudits*, *Les hommes d'aujourd'hui* (recueil de souvenirs littéraires).

La mouise

1883 (39 ans) Au printemps, Lucien Létinois meurt de la fièvre typhoïde. Effondré, Verlaine se laisse aller à l'ivrognerie, à la violence et à la pédérastie.

1884 Publication de *Jadis et Naguère*.

été 1885 A la suite d'une bagarre de rue, Verlaine est condamné à un mois de prison.

1885-1886 (41-42 ans) Abandonné de tous, Verlaine s'installe à Paris dans un taudis, Cour Saint-François. Sa mère, excédée de ses brutalités, l'abandonne quelques mois, puis vient le rejoindre. Elle meurt près de lui en janvier 1886. Verlaine est pratiquement réduit à la mendicité. Il vit quelque temps « aux crochets » d'une prostituée. Publication d'œuvres en prose : *Louise Leclerc* (recueil de nouvelles), *Les mémoires d'un veuf* (poèmes en prose).

1886-1887 (42-43 ans) La santé de Verlaine se délabre. Il accomplit de fréquents séjours à l'hôpital.

1888 (44 ans) Verlaine, qui a recouvré la santé, reçoit beaucoup, malgré sa pauvreté : Huysmans, Barrès, Bloy, Gide. Publication du recueil *Amour*. Amitié amoureuse avec le peintre Frédéric Cazals. Les amis de Verlaine se cotisent pour lui assurer une rente mensuelle.

1889 (45 ans) Publication de *Parallèlement*.

1890 (46 ans) Publication des *Dédicaces*.

1891 (47 ans) Publication de *Mes Hôpitaux*, **Bonheur**.
Verlaine s'est lié avec deux prostituée, Eugénie et Philomène. Il vit tantôt chez l'une, tantôt chez l'autre. La rivalité entre les deux femmes et leur avarice empoisonnent ses dernières années. En leur honneur, Verlaine publie de nombreux poèmes d'amour sans grande valeur : *Chansons pour elle, Odes en son honneur, Elégies, Dans les limbes.* Il publie également des poèmes d'inspiration religieuse : *Liturgies intimes,* et des œuvres en prose : *Mes prisons, Onze jours en Belgique.* Nouveaux séjours à l'hôpital.

fin 1892-début 1893 (48 ans) Tournée de conférences en Belgique, en Hollande, en Angleterre : « succès d'estime ».

mars 1893 (49 ans) Verlaine pose sa candidature à l'Académie française. Il ne recueille aucune voix, mais un référendum du grand quotidien *Le Journal* le sacre « prince des poètes » à la place de Leconte de Lisle récemment décédé.

1895 (51 ans) Verlaine s'installe auprès d'Eugénie. Edition des *Epigrammes* et des *Biblio-sonnets*. Verlaine devient impotent.

8 janvier 1896 (52 ans) Verlaine meurt en présence d'un prêtre, en murmurant « François » (Villon ? le Café François 1er, son quartier général au Quartier latin ? la Cour Saint-François où était morte sa mère ?). L'éditeur de Verlaine fait imprimer *Invectives, Chair* et *Poésies diverses*.

Les œuvres poétiques de Verlaine

2

POÈMES SATURNIENS (1866)

Ce premier recueil a les qualités et les défauts d'une œuvre de jeunesse. (On n'insistera jamais assez sur l'extrême précocité du génie de Verlaine : si on l'en croit, certains poèmes auraient été écrits en classe de 3ᵉ.) Certaines pièces sont visiblement influencées par Baudelaire (notamment « Nevermore » et « Sérénade » [1], cf. ci-dessous p. 21) ; d'autres sont de véritables pastiches des Parnassiens, ces poètes très soucieux de perfection formelle qui étaient en vogue à l'époque (cf. ci-dessous p. 68) : « Çavitri » et « César Borgia », par exemple.

Néanmoins, dans les chapitres *Paysages tristes* et *Eaux-fortes*, on trouve une façon déjà très personnelle de traiter le paysage ou l'expression des sentiments — ce que nous appellerons *l'impressionnisme* verlainien (cf. ci-dessous p. 17-19) ; un jeu subtil des rythmes et des sonorités (cf. chap. 9). Quelques poèmes satiriques (dans le chapitre *Caprices*) voisinent avec les évocations les plus mélancoliques — notamment celles qu'inspira son amour malheureux pour Elisa (cf. ci-dessus p. 7) (Livre de poche n° 747, Presses pocket n° 1920 [2]).

---

1. Nous indiquerons toujours entre guilllemets le titre des poèmes et en italique celui des recueils ou des chapitres de recueils.
2. Les références aux pages, dans le corps de notre étude, renvoient aux éditions que nous indiquons ici entre parenthèses. Comme on le voit, il peut y avoir deux références de pagination : la mention « poche » désigne l'édition du Livre de poche, « pocket » renvoie à l'édition « Presses pocket ». Dans les autres cas, nous citons l'édition de la Pléiade (Gallimard).

FÊTES GALANTES (1869)

Elles ont pour cadre les bals masqués du XVIIIe siècle, tels qu'ils apparaissent dans les tableaux de Watteau. (Une exposition et un livre des Frères Goncourt venaient de les remettre à la mode.) En fait, ce décor n'est guère pour Verlaine que le prétexte à une peinture de paysages blafards et lunaires, selon les teintes qu'il affectionnait. La présentation du libertinage sophistiqué des duchesses et des petits marquis le conduit à une rêverie mélancolique et foncièrement pessimiste. Ses recherches musicales et rythmiques s'affinent encore, et l'on conçoit qu'elles rallièrent l'admiration du jeune Rimbaud (Livre de poche n° 747, Presses pocket n° 1920).

LA BONNE CHANSON (1870)

Réunit les poèmes écrits par Verlaine pendant ses fiançailles. L'ensemble est assez mièvre et d'une facture beaucoup plus classique que les recueils précédents (Livre de poche n° 1116).

ROMANCES SANS PAROLES (1873)

On y trouve la plupart des poèmes composés pendant la fugue avec Rimbaud en Belgique (*Paysages belges*) et en Angleterre *(Aquarelles)*. Verlaine a retrouvé toute l'originalité de son génie musical et rythmique, notamment dans le premier chapitre *(Ariettes oubliées)* (Livre de poche n° 1116, Presses pocket n° 2021).

SAGESSE (1881)

Beaucoup plus classique dans sa forme, le recueil est composé essentiellement des poèmes d'inspiration religieuse écrits en prison après la conversion : prières et dialogues mystiques avec Dieu (« Mon Dieu m'a dit... ») ; description idéalisée de la vie nouvelle qu'il se promet de mener désormais, à l'imitation des robustes chrétiens du

Moyen Age et du XVIIᵉ siècle classique (« Sagesse d'un Louis Racine… »). On y trouve également quelques pièces plus anciennes au rythme subtil (notamment l'admirable « Je ne sais pourquoi » déjà cité) (Livre de poche nᵒ 1116).

JADIS ET NAGUÈRE (1884)

C'est une véritable autobiographie en vers, où voisinent des œuvres de jeunesse *(Vers jeunes)* ; des pastiches de François Coppée, Théodore de Banville, Alphonse Daudet *(A la manière de plusieurs)* ; de longs récits en vers assez mélodramatiques, à la manière romantique *(Naguère)* et même une comédie *(Les uns et les autres)*.

« L'Art poétique » qui est la plus claire expression des recherches rythmiques et musicales de Verlaine y voisine avec « Allégorie » qui semble indiquer une certaine rupture avec les recherches antérieures. De ce fait, c'est donc un livre-charnière qui amorce un certain affadissement du génie verlainien tout en comportant des œuvres admirables (Presses pocket nᵒ 2021).

AMOUR (1888), qui se veut la suite de *Sagesse*, est très traditionnel, tant par le style que par les idées. La moitié de l'ouvrage est consacrée à l'évocation de Lucien Létinois en plusieurs dizaines de poèmes, d'une facture très classique. Verlaine égrène ses souvenirs et clame sa souffrance après la disparition de ce fils adoptif (coll. Pléiade, Gallimard).

PARALLÈLEMENT (1889) regroupe des pièces de styles très différents, mais qui ont en commun une certaine unité d'inspiration : l'érotisme. Toutes les passions de Verlaine s'y trouvent évoquées : homosexualité masculine et aventures féminines, attirance à l'égard des jeunes enfants ; souvenir de son éphémère mariage avec Mathilde et de sa liaison avec Rimbaud. Curieusement, le style est d'autant plus classique que les sujets paraissent scabreux (Presses pocket nᵒ 2021).

DÉDICACES (1890) : poèmes de circonstance, dédiés à des amis. Exercice de style bien enlevé (coll. Pléiade, Gallimard).

BONHEUR (1891) : troisième volet du cycle *Sagesse*, le moins convaincant, tant par sa forme (le plus souvent très académique), que par ses thèmes. Verlaine ne semble plus croire vraiment en ce qu'il affirme — notamment en matière religieuse (coll. Pléiade, Gallimard).

LITURGIES INTIMES (1892) est de la même veine : une sorte de missel poétique qui groupe prières, hymnes et cantiques (coll. Pléiade, Gallimard).

CHANSONS POUR ELLE (1891), ODES EN SON HONNEUR (1893), ÉLÉGIES (1893), DANS LES LIMBES (1894), CHAIR (posthume) : les derniers poèmes d'amour de Verlaine. L'ensemble est assez décevant — qu'il pèche par vulgarité ou par excès de classicisme (coll. Pléiade, Gallimard).

ÉPIGRAMMES et BIBLIO-SONNETS (1895) : exercices de style sur commande, amusants mais sans génie (coll. Pléiade, Gallimard).

INVECTIVES (posthume) : recueil de poèmes satiriques et polémiques (coll. Pléiade, Gallimard).

POÈMES DIVERS (posthume) : recueil hâtivement consti- tué par l'éditeur de Verlaine en rassemblant tous les « fonds de tiroir » du poète (coll. Pléiade, Gallimard).

Paysages verlainiens $\boxed{3}$

Dès l'enfance, Verlaine avait manifesté des dispositions appréciables pour le dessin et la peinture. Son œuvre poétique lui a permis, d'une certaine façon, de réaliser cette vocation de paysagiste. De fait, le titre de nombre de poèmes semble annoncer une poésie descriptive, sinon picturale : « Eaux-fortes », « Croquis parisien », « Marine », « Effet de nuit », « Paysages tristes » (pour ne citer que des pièces des *Poèmes saturniens*).

Très tôt, il a connu la fascination des sensations visuelles. Tout enfant, raconte-t-il dans les *Confessions*, « Je fixais tout (...) j'étais sans cesse en chasse de formes, de couleurs, d'ombres. Le jour me fascinait et, bien que je fusse poltron, dans l'obscurité, la nuit m'attirait, une curiosité m'y poussait, j'y cherchais je ne sais quoi, du blanc, du gris, des nuances peut-être ». A deux ou trois ans, le friselis de l'eau bouillante le fascine à tel point qu'il y plonge la main !

LE CHOIX DES COULEURS

Par le choix des teintes, la palette d'un peintre, quel que soit son style, symbolise toujours sa vision du monde.

On le constate vite, nul n'est moins « solaire », moins méditerranéen que Verlaine. Ce « fils de l'ardoise et de la pluie », comme disait Claudel, n'a aucune attirance pour les paysages du sud, éclaboussés de lumière, où hurlent des teintes crues, avivées par le grand soleil. Ses pérégrinations, nous l'avons vu, l'ont porté vers le Nord de la France, la Belgique, la Hollande, dont les teintes blêmes, estompées, fanées, le ravissent. Les paysages britanniques semblent aussi avoir éveillé en lui quelque écho. On en trouve le témoignage dans la dernière partie des *Romances sans paroles*, *Aquarelles*, dont toutes les pièces portent des titres anglais : « Green », « Spleen », « Streets », « Beams »... Sans doute y a-t-il un certain accord entre l'âme de Verlaine et ces paysages brumeux et luisants tout à la fois : « Faubourgs pacifiés » (« Streets » 2, L. poche p. 54), « cottages jaunes et noirs » (*ibid.*). Mais finalement, tout cela lui paraît trop lumineux, trop *lavé* :

> Le ciel était trop bleu, trop tendre,
> La mer trop verte et l'air trop doux.
>
> « Spleen », *Romances sans paroles*
> (L. poche, p. 52 ; Presses pocket, p. 62)

Essayons de retrouver cette palette de Verlaine en opérant un relevé systématique des notations de couleur. Dans les *Poèmes saturniens*, le front est blême, le bois jaunissant (« Nevermore ») et le ciel gris (« Croquis parisien »), bistre (« Marine »), blafard (« Effet de nuit »), noir, fuligineux [1] (*ibid.*). La brume vague est un fantôme laiteux (« Promenade sentimentale »), piqué de becs de gaz bleus (« Croquis parisien »), sur lequel les silhouettes se détachent « toutes blanches »,

> Diaphanes, et que le clair de lune fait
> Opalines...
>
> « Nuit du Walpurgis classique »
> (L. poche, p. 67 ; Presses pocket, p. 72)

Si quelques rouges viennent parfois éclairer la composition, ce sont toujours les teintes du soleil couchant, sang d'un jour qui meurt ; ou encore des images de cauchemar, comme cet étalon « rouge-flamme et noir d'ébène », que le rêveur vomit plus qu'il ne l'imagine (« Cauchemar », L. poche, p. 52 ; Pocket, p. 62).

Il n'est pas nécessaire de prolonger cette énumération que nous n'avons fait qu'esquisser en feuilletant les premières pages du premier recueil. Il est clair que

---

1. Couleur de suie.

Verlaine éprouve une prédilection presque obsessionnelle pour les couleurs froides et ternes, le blême, le blafard, l'évanescent et le fantomatique. A l'ardeur des couleurs franches et sans détour, il préfère toujours la nuance subtile où les êtres et les choses se trouvent estompés, dissous, engloutis. Géniale myopie qui dilue le contour prosaïque des objets pour ne goûter que la vibration d'une ambiance colorée ! C'est ainsi que Bruxelles clignote

> Dans un demi-jour de lampes
> Qui vient brouiller toute chose.
> « Bruxelles », *Romances sans paroles* (L. poche, p. 42)

On retrouve la même tonalité dans la plupart des pièces des *Fêtes galantes* :

> Au calme clair de lune triste et beau,
> Qui fait rêver les oiseaux dans les arbres.
> « Clair de lune » (Poche, p. 133 ; Pocket, p. 133)

On le voit : ce ne sont pas tant les bals masqués du XVIIIe siècle que Verlaine avait choisi de peindre, mais plutôt une certaine atmosphère en même temps qu'un état d'âme :

> Votre âme est un paysage choisi.
>
> *(Ibid.)*

VERLAINE POÈTE IMPRESSIONNISTE

Dans une composition des *Poèmes saturniens,* Verlaine cueille les éléments du décor en une série de flashes discontinus — un peu comme les peintres impressionnistes juxtaposent de minuscules touches de couleur pure :

> La nuit. La pluie. Un ciel blafard que déchiquette
> De flèches et de tours à jour la silhouette
> D'une ville gothique éteinte au lointain gris.
> « Effet de nuit », *Poèmes saturniens*
> (Poche, p. 56 ; Pocket, p. 64)

De ce fait, la description n'est pas *construite* de façon architecturale (de haut en bas, de gauche à droite, du « général » au « particulier ») ; le relevé s'opère dans l'ordre subjectif de la prise de conscience, en partant des impressions les plus fortes, puis en affinant la perception quand l'œil est parvenu à « accommoder ». Avec des moyens littéraires, c'est un art proprement *impressionniste* que Verlaine met en œuvre. Toutefois, il semble encore s'en excuser ici en présentant ce tableau comme une simple esquisse : toute cette dentelle de pierre buissonne

> Sur le fuligineux fouillis d'un fond d'ébauche.
>
> *(Ibid.)*

Dans le même recueil, l'ébauche se fait presque caricature pour brosser ce « Croquis parisien » :

> La lune plaquait ses teintes de zinc
>   Par angles obtus.
> Des bouts de fumée en forme de cinq
> Sortaient drus et noirs des hauts toits pointus.
>
> (Poche, p. 51 ; Pocket, p. 61)

En envoyant à Mallarmé un exemplaire des *Poèmes saturniens*, Verlaine pouvait à juste titre se reconnaître impressionniste : « J'ose espérer que vous y reconnaîtrez un effort vers la Sensation rendue » (*Œuvres en prose*, coll. la Pléiade, Gallimard, p. 1298). — La sensation dans ce qu'elle a de plus délicat et de plus éphémère : *l'impression*.

De fait, l'art de Verlaine s'élabore en même temps que prend corps la « révolution » impressionniste. Les grands recueils du poète sont exactement contemporains des chefs-d'œuvre de Monet, Pissarro et Manet (dont il a fait la connaissance en 1869). *Romances sans paroles* paraissent l'année même où est exposé le fameux tableau *Impression - Soleil levant* qui donnera son nom au groupe.

C'est sans doute dans les *Paysages belges* de *Romances sans paroles*, écrits pendant les semaines de vagabondage avec Rimbaud, qu'apparaît le mieux le caractère impressionniste du style verlainien. Le poète énumère sans transition les images visuelles, sonores, olfactives — ou plutôt les *impressions*, le retentissement en lui de ces sensations. Il *picore* littéralement du regard les détails et dialogue avec eux à fleur de sentiment :

> Briques et tuiles,
> O les charmants
> Petits asiles
> Pour les amants !
> « Walcourt » (Poche, p. 49 ; Pocket, p. 51)

Ailleurs, il se montre d'autant plus impressionniste qu'il a visiblement composé le poème en regardant défiler le paysage par la fenêtre d'un train — position d'observateur qu'il appréciait particulièrement. Une pièce des *Mémoires d'un veuf* (*Œuvres en prose*, Pléiade, p. 100) et une autre de *La bonne chanson* (VII, Poche, p. 9) ont été écrites de la sorte. Les textes auxquels nous faisons allusion dans les *Romances sans paroles*, « Charleroi » et « Malines », sont intéressants pour le caractère instantané du coup d'œil, mais aussi pour leur rythme. Les vers de quatre pieds font littéralement *entendre* le tressautement des essieux sur les rails, monotone musique de fond coutumière aux voyageurs :

> Plutôt des bouges
> Que des maisons.
> Quels horizons
> De forges rouges !
> « Charleroi » (Poche, p. 40 ; Pocket, p. 52)

Peintre de l'éphémère et de l'indéfini comme tous les Impressionnistes, Verlaine évoque des paysages qui ont la fragilité d'un reflet dans l'eau.

Ainsi, dans la pièce VIII des *Ariettes oubliées* (*Romances sans paroles* ; Poche, p. 36 ; Pocket, p. 49) :

> Comme des nuées
> Flottent gris les chênes
> Des forêts prochaines
> Parmi les buées.

19

LE PAYSAGE EST UN ÉTAT D'ÂME

On se condamnerait cependant aux pires contresens en imaginant que pour Verlaine, un tableau est une vision *objective*, détachée de lui, et qui ne serait pas pétrie de toute son humanité. Il est bel et bien impossible de dissocier en lui sentiment et sensation. Si Verlaine est sans doute trop pudique pour détailler ses états d'âme ou pour les déclamer à la manière romantique, les paysages sont ses porte-parole éloquents. Nulle part n'apparaît mieux cet accord, cette complicité entre les choses et l'âme que dans le célèbre poème :

> Il pleure dans mon cœur
> Comme il pleut sur la ville.
> . . . .
> Pour un cœur qui s'ennuie
> Ô le chant de la pluie !
> *Romances sans paroles* (Poche, p. 30 ; Pocket, p. 43)

Comme le note J. Borel, « rien ne s'interpose entre l'âme et ce qu'elle sent ; il y a identification entre les pleurs de la pluie et la pluie en pleurs de l'âme » (*Œuvres en prose Complètes,* col. de la Pléiade, p. 180). Le paysage est devenu lui-même état d'âme, « projection sensible, de l'ennui, du grelottement de l'âme orpheline du poète » (Octave Nadal[1]). Cet art de traduire immédiatement le senti — indissociablement sensation et sentiment — pourrait être qualifié d'« impressionnisme affectif ». On le trouve également à l'œuvre dans la pièce VIII des *Ariettes oubliées* :

> Dans l'interminable
> Ennui de la plaine
> La neige incertaine
> Luit comme du sable.
> *Romances sans paroles* (Poche, p. 36 ; Pocket, p. 49)

Là encore, les sentiments ne sont pas *décrits* à proprement parler, mais *projetés* sur les choses. Dans le même

1. *Paul Verlaine*, Mercure de France, 1961.

recueil, le premier poème intitulé « Bruxelles » marie également ce qui est vu et ressenti par le poète, et le chant s'achève en un soupir :

> Triste à peine tant s'effacent
> Ces apparences d'automne,
> Toutes mes langueurs rêvassent,
> Que berce l'air monotone.
> *Romances sans paroles* (Poche, p. 42 ; Pocket, p. 53)

On le voit, dans ces subtiles compositions, le paysage est à l'unisson des sentiments. Il en est même parfois le miroir :

> Combien, ô voyageur, ce paysage blême
> Te mira blême toi-même...
> *Ibid.* (Poche, p. 48 ; Pocket, p. 50)

VERLAINE ET BAUDELAIRE

Dans la formation de cet « impressionnisme du sentiment », l'influence de Baudelaire est sensible. Comme lui, Verlaine refuse l'anecdotique, le conceptuel et même *l'affectif* — si l'on entend par là l'analyse psychologique un peu déclamatoire à laquelle nous ont habitués les Romantiques : foin des « jérémiades lamartiniennes ou autres », écrit Verlaine sans se laisser étouffer par le respect.

Dans le vibrant article qu'à l'âge de 20 ans, il avait consacré à Baudelaire, il se plaisait à souligner la primauté de la sensation sur l'intellect et même sur l'affectivité. Ce sont les « sens aiguisés et vibrants » qui sont la vraie source des « comparaisons, images et correspondances ». Toutefois, à la différence de Baudelaire, Verlaine ne confère pas aux sensations une valeur symbolique, voire métaphysique. Mais, à lire cet article, on se demande parfois si ce n'est pas davantage son œuvre propre qu'il décrit par anticipation, plutôt que celle de Baudelaire.

Bien qu'il s'en défende, Verlaine est profondément fils spirituel de Baudelaire. Dans ses derniers recueils — alors qu'il pose à l'écrivain catholique et bien-pensant — il s'appliquera laborieusement à renier cette filiation. Néanmoins, il est clair qu'il prolonge le sillon ouvert par l'auteur des *Fleurs du mal* : les objets et les paysages sont en mystérieuse correspondance (v. ci-dessous p. 64) avec nos sentiments : les paysages verlainiens, comme les paysages baudelairiens, ont quatre dimensions.

Comme son maître, Verlaine ne pouvait manquer non plus d'associer le pouvoir évocateur des mots à leur qualité sonore. Nous reviendrons dans un prochain chapitre sur cet « impressionnisme musical » du poète. Qu'il suffise pour l'heure de noter que, comme toute autre sensation, cette musicalité est inséparablement état d'âme et sentiment. C'est ainsi que l'éternel amant lance à Clymène, dans les *Fêtes galantes* :

> Ah ! puisque tout ton être,
> Musique qui pénètre,
> Nimbes d'anges défunts,
> Tons et parfums,
>
> A, sur d'almes cadences,
> En ses correspondances
> Induit mon cœur subtil,
> Ainsi soit-il !
>
> « A Clymène » (Poche, p. 160 ; Pocket, p. 146)

LA TENTATION DE L'EXPLICITE : DESCRIPTION ET ALLÉGORIE

Force est bien de constater cependant que cet impressionnisme pictural, cet impressionnisme du sentiment, cet impressionnisme musical, a été un moment de grâce éphémère dans la carrière du poète. Abandonnant cet art subtil qui unit *indissociablement*, instinctivement, sensation et sentiment, Verlaine, dès son quatrième recueil, verse parfois dans l'allégorie en léchant des images au symbolisme pesant. Une allégorie, c'est une image habillée de sens et non pas une image qui d'elle-même s'impose, chargée de sens et d'affectivité. Dans *Jadis et Naguère*, le poème intitulé précisément « Allégorie »

(Pocket, p. 108) en offre un exemple caractéristique :

> Despotique, pesant, incolore, l'Eté,
> Comme un roi fainéant présidant un supplice...

On le voit, c'est *l'esprit* qui compare, et l'auteur ne s'engage pas dans ce jeu avec toute son âme.

Les allégories abondent également dans *Sagesse*. Dès la première pièce, le « Chevalier Malheur » s'approche du poète transi, et lui crie, comme le ferait un contrôleur d'autobus : « C'est bon pour cette fois ! » (*Sagesse* I, in fine). On mesurera mieux la distance entre l'« impressionnisme symbolisant » (J. Borel) de la grande époque et l'allégorie en comparant l'admirable « Je ne sais pourquoi » (*Sagesse*, Poche, p. 129 et ci-dessus p. 6) et l'une ou l'autre des hymnes rhétoriques du recueil *Amour* (Pléiade, p. 421) :

> Je vois un groupe sur la mer.
> Quelle mer ? Celle de mes larmes.
> Mes yeux mouillés du vent amer
> Dans cette nuit d'ombre et d'alarmes
> Sont deux étoiles sur la mer.

Allégorique tout autant, cet autoportrait dans le même recueil (Pléiade, p. 430) :

> Cet oiseau, ce roseau sous cet oiseau, ce blême
> Oiseau sur ce pâle roseau fleuri jadis,
> Et pâle et sombre, spectre et spectre noir : Moi-même !

Il est clair que le surgissement des images est ici *pensé* bien plus que *senti*.

Dès *Sagesse*, on trouve un symptôme caractéristique de cette tendance à l'allégorie dans l'abondance des majuscules attribuées aux noms communs, qui se trouvent ainsi personnifiés : la Chair, la Gorgone, le Monstre, le Suborneur, la Prière, une Dame, Quelqu'un... En analysant ces exemples, on pourrait se demander si cette tendance à l'allégorie n'est pas imputable à l'évolution religieuse de Verlaine. De fait, selon la théologie classique dont il était féru, Dieu est présenté comme LE Bien,

L'Un, LE Vrai, LE Beau absolus dont les créatures reçoivent leurs qualités. Mais n'oublions pas, non plus, qu'en cette fin du XIXᵉ siècle, l'art officiel multipliait les images allégoriques de la République, de l'Instruction, de l'Agriculture, voire des Postes et Téléphones !

Parallèlement à ce recours à l'allégorie, Verlaine revient à la description des paysages et des états d'âme. Le temps n'est plus où sentiments et idées se trouvaient suggérés par les images, la musique des mots et les rythmes. Tout devient prosaïquement explicite. De ce point de vue, la différence est frappante entre les *Paysages belges* des *Romances sans paroles* (1873) et les paysages anglais d'*Amour* (1888). Nous retrouverons, du reste, à propos des autres thèmes, ce même mouvement d'autodestruction inéluctable du poète qui, peu à peu, s'exile de lui-même en renonçant à ses recherches les plus personnelles. Sans doute, Verlaine aurait-il dû, comme Rimbaud, avoir le courage du silence après la publication de ses premiers recueils !

Les ambivalences de l'amour $\boxed{4}$

Les œuvres poétiques sont souvent la célébration, le débordement verbal d'un grand amour — au point que certaines d'entre elles ont littéralement pris visage : Béatrice de Dante, Marie de Ronsard, Elvire de Lamartine... Verlaine ne déroge pas à ce principe, mais on retrouvera sur ce thème la même errance, la même recherche éperdue et désordonnée que dans les autres domaines de son aventure. Il n'est nullement l'homme d'un seul amour. Il multiplie les expériences, toujours en quête et toujours inassouvi ; tour à tour amoureux transi, fiancé exemplaire et époux indigne ; homosexuel extasié et pédéraste impénitent ; puritain angélique et obsédé sénile. Il accumule échecs et désenchantements, et n'en poursuit pas moins, avec une sorte de fureur aveugle, la quête désespérée de l'idéale mère-amante — insatiable fringale qu'aucun amour humain ne peut combler.

L'ÉTERNEL FÉMININ

● *Les Poèmes saturniens : la femme tendresse*

Le premier recueil poétique de Verlaine est rempli du souvenir de la douce Elisa, sœur adoptive et premier amour du poète. La quatrième pièce la mentionne presque explicitement. N'est-elle pas cette « sœur aînée » (« Vœu » Poche, p. 39 ; Pocket, p. 53), dont l'absence le laisse « morne et seul », « Et tel qu'un orphelin pauvre » ? (*ibid.*). Les derniers vers du poème laissent entendre, en outre, que Verlaine attend d'une compagne une présence quasi maternelle :

> O la femme à l'amour câlin et réchauffant,
> Douce, pensive et brune, et jamais étonnée,
> Et qui parfois vous baise au front, comme un enfant !

Comme en écho, la pièce suivante, « Lassitude » (Poche, p. 41 ; Pocket, p. 54), dédiée à une « petite fougueuse », réclame

> De la douceur, de la douceur, de la douceur !

Même quête encore dans le fameux sonnet « Mon rêve familier » (Poche, p. 43 ; Pocket, p. 55) :

> Je fais souvent ce rêve étrange et pénétrant
> D'une femme inconnue, et que j'aime, et qui m'aime...

Si cette mystérieuse créature, qui a le regard mort des statues, n'est nullement *décrite* dans sa réalité charnelle, c'est qu'elle est idéalement belle, belle comme un souvenir ou comme un rêve ; sa voix elle-même ayant

> L'inflexion des voix chères qui se sont tues.

En revanche, le poète décrit précisément la réalité affective de cette héroïne sans visage : c'est une tendresse, une complicité toute maternelle qu'il attend d'elle,

> Car elle me comprend, et mon cœur, transparent
> Pour elle seule, hélas ! cesse d'être un problème.

Ainsi, le ton est donné dès le départ. Dès ses premiers vers, Verlaine livre le plus intime de son secret. Il vit alors dans la vérité de ses sentiments.

● *Les Fêtes galantes : le libertinage sophistiqué*

Dans le second recueil, l'éternel féminin est vu sous son jour le plus superficiel. La toilette raffinée des marquises Louis XV semble cacher une poupée de celluloïd plutôt que l'Eve éternelle. Ainsi, cette duchesse qui s'avance, sous sa parure énorme,

> Fardée et peinte comme au temps des bergeries
> ....
> Avec mille façons et mille afféteries
> Qu'on garde d'ordinaire aux perruches chéries.
>   « L'allée » (Poche, p. 138 ; Pocket, p. 135)

Dans cette atmosphère de libertinage sophistiqué, les sentiments se résument au jeu de cache-cache de la coquetterie la plus ambiguë : plaisir de l'esprit bien plus que des sens, jeu bien plus que jouissance, amusement sans illusion de la chasse plutôt que poussée du désir. Parfois, le poème est à la limite du billet doux. Ainsi dans ces vers dont Rimbaud admirait le rythme décadent :

> Et la tigresse épouvantable d'Hyrcanie
> Est une agnelle au prix de vous.
>   « Dans la grotte » (Poche, p. 141 ; Pocket, p. 136)

Mais tout cela, nous l'avons dit, n'est que rêverie pour Verlaine : monde d'apparences diaphanes, songerie sans consistance peuplée de créatures évanescentes et floues comme à travers la buée ; monde de cauchemar aussi, et infiniment pessimiste, car ces êtres policés jouent élégamment la quête d'un amour impossible. Leurs bras se tendent gracieusement mais ne se referment sur aucune étreinte. L'âme du poète, on la trouve plutôt sur la face effarée du Pierrot qui considère avec stupeur tout ce papillonnement insincère et lui reste étranger, hanté par ses propres angoisses.

- ● *La bonne chanson : le bonheur au quotidien*

A vingt-six ans, Verlaine s'était jeté tête baissée dans le plus raisonnable des mariages bourgeois. *La bonne chanson* porte témoignage de cet étonnant mirage — ou, si l'on préfère, de ce malentendu. « Muse » (II), « petite Fée » (III) aux pouvoirs infinis, voire « Sainte en son auréole » (VIII), « dans l'éclat doux de ses seize ans » (II), Mathilde, la jeune fille au prénom « carlovingien » (VIII), est parée de toutes les vertus. Mais son image a l'irréalité, la perfection abstraite et désincarnée d'une apparition. Verlaine ne tardera pas à prendre conscience qu'il est plus amoureux de son rêve que de cette jeune personne en chair et en os.

Au reste, le style du recueil est aussi décevant que la réalité qu'il évoque. Paradoxalement, le rêve éveillé se traduit par une poésie sans mystère, lourdement descriptive et explicite. Jamais Verlaine n'a été ni ne sera aussi réaliste, et jamais son chant ne sonnera aussi faux qu'auprès de Mathilde « En robe grise et verte avec des ruches » (III), à « L'heure du thé fumant et des livres fermés » (XIV). Le poète des vers subtilement asymétriques (v. ci-dessous, p. 60) n'avait sans doute que faire de ces sentiments trop unis !

LA FEMME CHARNELLE

A la différence de ces doux mirages, l'érotisme, dans les recueils suivants, n'a plus rien d'un rêve bleu et rose. Ce sont des corps bien réels que caressent les mains et les mots du poète.

- *Parallèlement*

Si, dans *Amour*, au lendemain de la conversion, le poète priait pour avoir la force d'écraser

> Et l'amour sensuel, cette chose cruelle,
> Et la haine encor plus cruelle et sensuelle (Pléiade, p. 432)

il semble bien qu'à trop vouloir faire l'ange, il ait déchaîné en lui la bête. Dès l'année suivante, le recueil *Parallèlement* témoigne d'une véritable frénésie orgiaque. C'est sans nul doute l'ouvrage le plus riche et le plus divers sur ce thème.

Dans le chapitre *Filles*, le poète semble visiblement chercher à s'étourdir, à étouffer son angoisse sous les « fesses joyeuses » (« Séguidille » (sic) Pléiade, p. 237) :

> Ah, ton corps, qu'il repose
> Sur mon âme morose
> Et l'étouffe s'il peut,
> Si ton caprice veut,
> Encore, encore, encore !

Foin de toute cette musique qui entourait les créatures d'un chaste halo ! Les descriptions se font on ne peut plus précises et crues :

> Cuisses belles, seins redressants,
> Le dos, les reins, le ventre, fête
> Pour les yeux et les mains en quête
> Et pour la bouche et tous les sens ?
> « A la princesse Roukine » (Pocket, p. 235)

Ailleurs, le chant se fait carrément pornographique pour célébrer « l'arme de ses paillardises » (« L'impénitent » Pocket, p. 258). « Rôdeur vanné », aux « reins fricassés » et au « cœur éreinté », Verlaine entre en luxure avec une aussi vive dévotion qu'il avait envisagé d'entrer en religion. En fait, il y a plutôt alternance des deux courants que parallélisme à proprement parler, et le recueil serait mieux titré *Alternativement*. Dès le lendemain de sa conversion et jusqu'à la fin de sa vie, l'inspiration religieuse va jouer à cache-cache, en lui, avec des tendances voluptueuses.

On notera aussi — autre alternance, autre parallélisme — que, dans nombre de poèmes, et même dans le titre des recueils, les deux termes *Amour* et *Chair*, sentiment et sensation, se trouvent dissociés. Dans ce domaine encore, comme en bien d'autres, Verlaine se trouve écartelé, et sa frénésie érotique, comme chez Don Juan, a peut-être essentiellement pour but de faire taire le sentiment jamais rassasié.

• Derniers chants

On ne mentionnera que pour mémoire les recueils érotiques de la fin de la vie de Verlaine, dédiés alternativement aux deux « gouges » qui partageaient ses dernières années : *Chansons pour elle, Odes en son honneur, Elégies* et *Chair*, le premier recueil posthume. « Vers pisseux », comme il le reconnaît peu élégamment dans un poème des *Dédicaces* (XLVIII ; Pléiade, p. 587), ces œuvres bâclées s'apparentent à des chansons de café-concert. Le prosaïsme, la vulgarité des thèmes n'a d'égal que l'absence de recherche rythmique. La sensualité, la paillardise elles-mêmes semblent contraintes, laborieuses. Pitoyable chant d'un vieillard qui fait collection d'images ou d'aphorismes pour se donner du cœur au ventre ! Du reste, quand il se laisse aller à faire du sentiment, il n'est guère plus inspiré. Ainsi, les *Elégies* constituent la lugubre chronique des discordes et des réconciliations incessantes, enlacement et délacement sans trêve de deux vieux amants dérisoires et pitoyables. Le vers tour à tour bougonne, ratiocine ou cajole sans grâce et sans génie. Verlaine voyait clair en lui-même, lorsqu'il jugeait ces derniers vers « bien fatigués » ! *(Livre posthume* ; Pléiade, p. 816.)

L'AUTRE RENCONTRE

En matière d'érotisme verlainien, il faut toujours revenir au recueil *Parallèlement*. En son sens le plus explicite, le titre signifie que l'attirance de la chair est parallèle à celle de la pureté. Mais le contenu de l'ouvrage révèle vite une autre acception : les charmes féminins exercent sur Verlaine une action parallèle à celle des sentiments homosexuels. La célébration des amours hétérosexuelles (notamment dans le chapitre *Filles*) voisine avec l'évocation de l'homosexualité féminine dans les sonnets des *Amies* ; masculine dans les poèmes qui font allusion à sa liaison avec Rimbaud.

- *L'ambiguïté*

De nombreux indices témoignent du caractère inverti, ou plus exactement de la double postulation de l'érotisme verlainien. Par endroits, le poète mêle allègrement les genres dans une ambiguïté digne des anciens Grecs :

> Bonne simple fille des rues (...)
> Toi, tu m'es un vrai camarade
> Qui la nuit monterait en grade
> Et même dans les draps câlins
> Garderait des airs masculins (...)
> T'es un frère qu'est une dame.
>> *Parallèlement*, Appendice (Pléiade, p. 535)

Et inversement (si l'on ose ce mauvais jeu de mots !), Verlaine chante dans le même recueil

> Le bonheur de saigner sur le cœur d'un ami,
> Le besoin de pleurer bien longtemps sur son sein.
>> « Explication », *Parallèlement* (Pocket, p. 252)

Parfois, l'aveu se fait plus explicite. Après avoir célébré le « très haut marquis de Sade » (« Ballade de la mauvaise réputation », *Parallèlement*; Pocket, p. 278), Verlaine affirme sans ambages :

> Je suis pareil à la grande Sappho.
> « Ballade Sappho », *Parallèlement* (Pocket, p. 280)

● *La fierté de l'anormalité*

Bien loin de s'en montrer honteux, Verlaine se fait gloire de ses tendances inverties. Vilipendant

> ... les pauvres amours banales, animales,
> Normales ! Gros goûts lourds ou frugales fringales,
> « Ces passions... », *Parallèlement* (Pocket, p. 272)

il proclame que les passions homosexuelles, « le haut Rite » *(ibid.)*, constituent la plénitude du plaisir : « divin final anéantissement » *(ibid.)*. Le même thème se trouve explicité dans l'appendice du même recueil :

> Nous ne sommes pas le troupeau :
> C'est pourquoi bien loin des bergères
> Nous divertissons notre peau
> Sans plus de phrases mensongères.
> *Parallèlement*, Appendice I (Pléiade, p. 531)

Dans un poème parodique du même ouvrage, « La dernière fête galante » (Pocket, p. 256), il ridiculise les grégaires amours hétérosexuelles — « moutons enrubannés du pire poétastre » — et réclame, avec une fierté qui alors n'était pas encore de mise chez les invertis,

> L'embarquement pour Sodome et Gomorrhe !

Plus tard, il écrira un recueil entier à la gloire de l'érotisme homosexuel masculin, *Hombres* — ouvrage introuvable, sinon dans l'« enfer » des bibliothèques publiques et, sans doute, chez certains éditeurs spécialisés dans la pornographie.

Pour faire bonne mesure, Verlaine manifeste dans d'autres textes des tendances proprement pédérastiques. Visiblement, il ne reste pas de bois devant un « gamin farouche ». Dans *Parallèlement*, une statue de

31

Ganymède[1], ce « petit frère », vu « de face et de dos »,
éveille visiblement en lui un émoi assez trouble. Ailleurs,
il célèbre sans détour le charme acidulé du « Pierrot
gamin » *(Parallèlement ;* Pocket, p. 271) :

> Corps d'éphèbe en tout petit,
> Voix de tête, corps en fête,
> Créature toujours prête
> A soûler chaque appétit.

RIMBAUD OU SATAN ADOLESCENT

Il est clair qu'en matière de relations homosexuelles, bien
plus que les « garçonneries » de l'adolescence, c'est la
rencontre de Rimbaud qui a constitué l'expérience
déterminante. Dans le recueil *Dédicaces*, Verlaine chante
sans détour les louanges du poète adolescent, « mortel,
ange ET démon » (Pléiade, p. 601). L'hémistiche est
emprunté presque littéralement à Lamartine qui l'appli-
quait à Byron :

> Esprit mystérieux, mortel, ange ou démon.
> > *Méditations poétiques,* II

● *Paradis parallèles*

Rimbaud, confie Verlaine, était

> Très beau, d'une beauté paysanne et rusée,
> Trés désirable, d'une indolence qu'osée (sic).
> > *Dédicaces* (Pléiade, p. 601

Sans doute faut-il voir une allusion à leurs tendresse
contre nature dans un poème contemporain des *Romances sans paroles :*

> Quel Ange dur ainsi me bourre
> Entre les épaules tandis
> Que je m'envole aux Paradis ?
> > « Le bon disciple », *Œuvres poétiques complète*
> > (Pléiade, p. 215

1. Jeune prince troyen. Zeus prit la forme d'un aigle pour l'enlever à ses parents
Ganymède est représenté en général sous les traits d'un jeune garçon entièremen
nu.

On notera le pluriel *aux* Paradis : il ne s'agit donc pas *du* Paradis judéo-chrétien, mais des divers paradis des expériences païennes.

Parallèlement mérite donc aussi son titre (v. p. 13), en ce sens qu'il réunit le souvenir de Mathilde et de Rimbaud, ses deux amours de jeunesse. Le souvenir de la liaison avec « l'adolescent aux semelles de vent » venait, en effet, de se trouver ravivé par l'annonce erronée de la mort du poète devenu aventurier. Le beau poème « Læti et errabundi » évoque avec beaucoup d'élan leur errance passée :

> Nous allions, — vous en souvient-il,
> Voyageur où ça disparu ? —
> Filant légers dans l'air subtil,
> Deux spectres joyeux, on eût cru !
>
> *Parallèlement* (Pocket, p. 274)

Verlaine, qui vit alors environné de femmes vulgaires et faciles, conserve une visible nostalgie pour ce temps où Rimbaud et lui vivaient dégagés

> Des femmes prises en pitié
> Et du dernier des préjugés.
>
> *(Ibid.)*

Quinze ans après cette aventure, il n'est nullement guéri de ce « grand péché radieux » qui avait nom Rimbaud ; nullement blasé non plus :

> Tout ce passé brûlant encore
> Dans mes veines et ma cervelle
> Et qui rayonne et qui fulgore
> Sur ma ferveur toujours nouvelle !
>
> *(Ibid.)*

Le même thème réapparaît avec plus d'exaltation encore dans une pièce des *Dédicaces* :

> Ah, mort ! Vivant plutôt en moi de mille feux !
>
> (LXIII, Pléiade, p. 601)

Alors qu'au lendemain de la conversion, de tels souvenirs étaient purement et simplement balayés d'un trait de plume, « le plus beau des mauvais anges » (« Crimen amoris », *Jadis et Naguère* ; Pocket, p. 170) est à nouveau couronné « dieu parmi les demi-dieux » (« Læti et errabundi », *Parallèlement* ; Pocket, p. 274). Leur aventure, considérée jadis comme perverse et vaine, est à nouveau célébrée comme *héroïque*. Au point que c'est au contraire le retour à la norme qui serait trahison ! Dans « Crimen amoris » Verlaine avait déjà célébré non sans dithyrambe la tentative exemplaire du Satan adolescent. La poésie de Rimbaud, « brandie comme une torche », semblable à une « aube qui point », l'éblouit et l'arrache à la fête. Il est indéniable, en effet, qu'avec son fol orgueil et ses exigences, Rimbaud avait su réveiller Verlaine du somnambulisme poétique qui le gagnait depuis la léthargique *Bonne chanson*. Les *Romances sans paroles*, dont il fut sans doute davantage le catalyseur que l'inspirateur, témoignent assez de cette résurrection. Mais, plus encore que pour ses vertus poétiques, ce « roman de vivre à deux hommes » (« Læti et errabundi ») est considéré comme une expérience de libération. Verlaine lance à l'occasion un hymne vibrant à la gloire des homosexuels :

> Et salut, témoins purs de l'âme en ce combat
> Pour l'affranchissement de la lourde nature !
> « Ces passions... », *Parallèlement* (Pocket, p. 272)

De fait, en faisant éclater le scandale dans la vie de son ami, il est sûr que Rimbaud avait, pour un temps, rendu Verlaine à lui-même.

LA FEMME-MÈRE

Pauvre Verlaine écartelé entre les délices frileux d'un bonheur quotidien et bourgeois et les folies vagabondes en compagnie d'un adolescent aventureux ! Ni l'un ni l'autre, visiblement, ne pouvait combler son besoin d'une tendresse maternelle et protectrice.

• Maternelles mégères

C'est sans doute ce besoin d'être « materné » (et, le cas échéant, grondé, voire corrigé) qui explique ses liaisons avec d'incroyables harpies à la fin de sa vie, et son obstination à appartenir à une famille spirituelle — Eglise, école poétique, groupes d'amis — lui, l'inclassable, le vagabond des principes éphémères ! Libre aux uns d'établir un diagnostic et d'évoquer une « sexualité trop précoce arrêtée à un stade infantile », « une fixation à une mère trop tendre qui l'adorait » (Antoine Adam, *Le vrai Verlaine*, Droz, 1936). Pour notre part, nous nous contenterons de faire dialoguer les textes de Verlaine.

A plusieurs reprises, nous avons souligné ce caractère maternel de son idéal féminin. La femme irréelle de son « rêve étrange et pénétrant » (« Mon rêve familier », *Poèmes saturniens*, VI ; Poche, p. 43 ; Pocket, p. 55) est remplie de douceur,

> De complicité maternelle,
> D'affection étroite et vaste.
> *Sagesse*, I, XVII (Poche, p. 91)

Ailleurs, vaticinant contre la beauté des femmes qui fait « souvent le bien » et peut « tout le mal », Verlaine soupire après une tendresse « enfantine et subtile »

> Et toujours, maternelle endormeuse des râles.
> *Sagesse*, I, V (Poche, p. 72)

Dans *Le livre posthume* qu'il avait envisagé de composer, pendant un de ses derniers séjours à l'hôpital, constatant l'échec de son cheminement religieux et l'affadissement de son talent poétique, il ne trouve de refuge qu'auprès de sa muse (on ne sait au juste laquelle), dont il mendie par avance le souvenir :

> Dis, sérieusement, lorsque je serai mort, (...)
> Pense parfois à moi qui ne pensais jadis
> Qu'à t'aimer, t'adorer de toutes les puissances
> D'un être fait exprès pour toi seule t'aimer (...)
> Et qu'une bénédiction de la mémoire
> M'absolve et soit mon guide en les sombres chemins.
> *Le Livre posthume*, I (Pléiade, p. 817-818)

On le voit, cet érotisme à bout de souffle en revient à son point de départ : la recherche éperdue d'une consolation maternelle et maternante qui le guérisse de sa *difficulté d'être* fondamentale.

● *L'enfer, c'est l'absence*

A l'opposé de Sartre pour qui « l'enfer, c'est les autres », pour Verlaine, « l'Enfer, c'est l'absence » (« Amoureuse du diable » in fine, *Jadis et Naguère* ; Pocket, p. 197). On comprend mieux maintenant ce que cet aphorisme cache de souffrance et de recherche insatisfaite. Verlaine a si peur de lui-même qu'il a longtemps gardé la nostalgie de son séjour en prison. Parlant du « meilleur des châteaux » (« Ecrit en 1875 », *Amour,* p. 408) — entendons : la maison d'arrêt de Mons — il affirme, sans crainte du paradoxe :

> C'était la liberté (la seule !) sans ses charges,
> C'était la dignité dans la sécurité !
>
> (*Ibid.*)

Il faut peser tous les mots et leur association par paires pour comprendre que, dans l'internement, Verlaine a surtout apprécié d'être *pris en charge,* pris en main, *sécurisé,* materné. Risquons donc une de ces « psychanalyses sauvages » qui est une des formes de l'humour contemporain : en prison, c'est l'utérus maternel que Verlaine a cru retrouver. C'est bien cela, pour chacun de nous, « le meilleur des châteaux », lieu idéal où l'on se trouve nourri, logé, bercé, baigné, *encoconné !* Cette prison de Mons, crépie intérieurement au « lait de chaux », était un ventre, et sa chaîne de prisonnier, son cordon ombilical renoué !

La mort, ironique compagne

L'œuvre de Verlaine — et probablement son existence entière — n'ont cessé d'être hantées par l'idée de la mort. Il pense toujours à la mort, sans jamais la redouter, semble-t-il. Il en parle avec cette fraternelle ironie qu'autorise une vieille camaraderie. Et il n'est pas moins singulier que, sous sa plume, mort et remords, la mort et l'amour se trouvent presque toujours associés. Les fantômes qui peuplent nombre de ses poèmes sont peut-être aussi une figuration de ces encombrants regrets.

LA MORT TOUJOURS RECOMMENCÉE

De son propre aveu, la fascination de la mort chez Verlaine remonte aux expériences de la petite enfance, notamment ces inoubliables processions religieuses de pénitents à travers Montpellier (cf. *Confessions*, I, 1, *Œuvres complètes en prose*, Pléiade, p. 445). Il est significatif, en tout cas, que le premier et le dernier de ses poèmes soient consacrés à ce thème.

A quatorze ans, Verlaine envoie à Victor Hugo un sonnet trop bien léché intitulé « La mort », qui présente toutes les outrances de la poésie adolescente, mais n'en témoigne pas moins une maîtrise singulièrement précoce de la prosodie :

> Telle qu'un moissonneur, dont l'aveugle faucille
> Abat le frais bleuet, comme le dur chardon...
>
> (Pléiade, *op. cit.*, p. 11)

Dans la dernière semaine de sa vie, Verlaine achève le long poème « Mort ! » qui réunit curieusement l'évocation du rêve et celle de la fin : bienvenue soit la mort — et plus encore la mort violente — qui le délivrera de l'angoisse et du rêve (cf. ci-dessous, p. 73).

Entre-temps, le thème n'a cessé de hanter le poète. *Fadaises*, « distiques humouristiques » (sic) écrits à dix-sept ans, se présente d'abord comme un galant *poulet* :

> Daignez souffrir qu'à vos genoux, Madame,
> Mon pauvre cœur vous explique sa flamme...
>
> (Pléiade, p. 16)

On comprend, dans le dernier vers seulement, que la belle courtisée a la face obtuse de la Camarde :

> Et le désir me talonne et me mord,
> Car je vous aime, ô Madame la Mort !
>
> (*Ibid.*)

Même lorsqu'il se laisse gagner par une sensibilité plus vraie, Verlaine ne se départit pas pour autant de cette ironie que d'aucuns jugeraient sacrilège. Ainsi, dans la pièce des *Poèmes saturniens* (Poche, p. 89 ; Pocket, p. 85) qui lui a probablement été inspirée par la cérémonie d'inhumation de son père :

> Les petits ifs du cimetière
> Frémissent au vent hiémal,
> Dans la glaciale lumière...

Le titre du poème désamorce vite l'émotion, avec sa singulière ambiguïté, *Sub urbe* pouvant signifier *en banlieue* ou *sous la ville* — en sous-sol en quelque sorte ! Toute sa vie — et jusque dans les pires moments, Verlaine aura donc été cet homme du dernier jour qui affronte la mort et s'en rit.

MORT ET AMOUR

Pour Verlaine, la mort est fiancée à l'amour, la luxure est traversée d'effroi. Ainsi dans les « Vers pour être calomnié » (*Jadis et Naguère* ; Pocket, p. 111) — souvenir très précis de sa liaison avec Rimbaud — l'angoisse de la mort et la jouissance sont quasiment *superposées* par un procédé qui rappelle le *fondu enchaîné* des cinéastes :

> O bouche qui ris en songe sur ma bouche,
> En attendant l'autre rire plus farouche !
> Vite, éveille-toi. Dis, l'âme est immortelle ?

Dans d'autres pièces, l'obsession de la mort est associée aux divers remords qui hantent le poète. Paradoxalement, la mort, pour lui, est dans le passé autant que dans l'avenir ! Mort et remords, inséparables jumeaux, grimacent du même rictus obsédant et s'exorcisent du même rire un peu contraint :

> Avec les yeux d'une tête de mort
>   Que la lune encore décharne,
> Tout mon passé, disons tout mon remord (sic)
>   Ricane à travers ma lucarne...
> « Un pouacre[1] », *Jadis et Naguère* (Pocket, p. 167)

FANTÔMES ET REMORDS

Les fantômes qui — si l'on ose dire — font de fugitives apparitions dans l'œuvre de Verlaine sont peut-être une figuration de ces encombrants remords. Dans une pièce des *Poèmes saturniens*, Verlaine lui-même semble inviter à une telle hypothèse :

> — Ces spectres agités, sont-ce donc la pensée
> Du poète ivre, ou son regret, ou son remords,
> Ces spectres agités en tourbe cadencée,
>   Ou bien tout simplement des morts ?
> « Nuit du Walpurgis classique », *Poèmes saturniens*
>   (Poche, p. 66 ; Pocket, p. 71)

Dans le même poème, on entrevoit de loin des « formes toutes blanches »,

> Diaphanes, et que le clair de lune fait
> Opalines parmi l'ombre verte des branches.
>
> *(Ibid.)*

---

1. Personne atteinte de la goutte (inflammation très douloureuse des articulations du pied) ou le mal lui-même. Verlaine, quant à lui, eut à souffrir de rhumatismes très douloureux.

On retrouve la même évocation dans l'admirable « Collo-que sentimental » des *Fêtes galantes* (Poche, p. 173 ; Pocket, p. 152) :

> Dans le vieux parc solitaire et glacé,
> Deux formes ont tout à l'heure passé...

Mais, cette fois, un effet de travelling permet de détailler davantage les deux spectres (v. 3-4) :

> Leurs yeux sont morts et leurs lèvres sont molles,
> Et l'on entend à peine leurs paroles.

> *(Ibid.)*

Seule la nuit perçoit leur dialogue — celui, éternel, de l'amant éperdu et de la belle indifférente qui repousse ses avances avec une glaciale désinvolture.

On n'est pas loin, on le voit, des thèmes chers à Edgar A. Poe, amant mélancolique de jeunes filles mourantes ou promises à la mort. Chez l'un et l'autre poète, la mort et l'amour, l'amer et la mère constituent la même constellation imaginaire !

Le mal de vivre 6

LA MÉLANCOLIE

Autre fantôme des regrets éblouis, présence lancinante de la mort au creux de la vie, cette intense mélancolie qui, pour certains, est l'aspect le plus caractéristique de l'œuvre et peut-être de la personnalité du poète. À la fin de leur liaison, Rimbaud s'exaspérait de la sensibilité pleurarde de son ami — sensibilité qui pourrait être attribuée à son adolescence romantique, mais qui ne se démentira pas jusqu'à son dernier jour.

La fameuse « Chanson d'automne » (*Poèmes saturniens*; Poche, p. 69 ; Pocket, p. 73) n'est-elle pas proprement l'emblème de Verlaine, le symbole même de toute son existence :

> Et je m'en vais
> Au vent mauvais
>   Qui m'emporte
> Deçà, delà,
> Pareil à la
>   Feuille morte.

Curieusement, la mélancolie est loin d'être absente dans le recueil apparemment si dansant des *Fêtes galantes* : Cassandre, Arlequin, Colombine, « masques et bergamasques », demeurent

> Tristes sous leurs déguisements fantasques.

> Tout en chantant sur le mode mineur
> L'amour vainqueur et la vie opportune,
> Ils n'ont pas l'air de croire à leur bonheur.
>   « Clair de lune » (Poche, p. 133 ; Pocket, p. 133)

Dans la fameuse pièce « Il pleure dans mon cœur » (*Romances sans paroles, Ariettes oubliées*, III), Verlaine appelle *langueur* ce malaise indéfinissable et sans cause devant l'existence :

> C'est bien la pire peine
> De ne savoir pourquoi,
> Sans amour et sans haine,
> Mon cœur a tant de peine !

Ailleurs il se décrit, solitaire, « promenant sa plaie » dans une errance sans but :

> Au long de l'étang, parmi la saulaie
> Où la brume vague évoquait un grand
> Fantôme laiteux se désespérant.
> « Promenade sentimentale », *Poèmes saturniens*
> (Poche, p. 65 ; Pocket, p. 70)

De temps à autre, il s'encourage lui-même avec des accents très baudelairiens :

> Allons, mon pauvre cœur, allons, *mon vieux complice.*
> « Nevermore », *Poèmes saturniens*
> (Poche, p. 94 ; Pocket, p. 88)

Il est caractéristique que, dans tous ces poèmes mélancoliques, le sentiment soit allié à l'image dynamique d'un trajet. A maintes reprises, la biographie de Verlaine nous a donné l'impression d'une perpétuelle fuite en avant. Toute sa vie, Verlaine n'a pas tant cherché un lieu où être bien qu'un chemin pour se fuir.

C'est peut-être aussi pour traduire ce désir de fuite que Verlaine se montre tellement hanté par les personnages masqués, déguisés : les Pierrot, Arlequin et Colombine des *Fêtes galantes ;* mais aussi les bouffons de *Jadis et Naguère :* « Le pitre » (Pocket, p. 107), « Le clown » (Pocket, p. 102).

LA FATALITÉ

A la source de cette intense mélancolie verlainienne —
l'idée nourrissant le sentiment — on trouverait peut-être
la conviction d'être entraîné par une destinée inexorable
et contre laquelle on ne peut rien.

Très tôt, Verlaine semble chercher dans l'astrologie
une justification, ou du moins une explication à ses écarts
de conduite, à cette perpétuelle lutte, à cette perpétuelle
défaite contre lui-même. Ainsi, dans la pièce liminaire de
son premier recueil, il symbolise cette notion de fatalité
par l'influence de la planète Saturne :

> Or, ceux-là qui sont nés sous le signe SATURNE,
> Fauve planète, chère aux nécromanciens,
> Ont entre tous, d'après les grimoires anciens,
> Bonne part de malheur et bonne part de bile.
> L'Imagination, inquiète et débile,
> Vient rendre nul en eux l'effort de la Raison.
> *Poèmes saturniens* (Poche, p. 21 ; Pocket, p. 39)

Même antienne dans *Parallèlement*, à la fin de sa vie :

> J'ai perdu ma vie et je sais bien
> Que tout blâme sur moi s'en va fondre :
> A cela je ne puis que répondre
> Que je suis vraiment né Saturnien.
> « Prologue d'un livre dont il ne paraîtra
>   que les extraits ci-après » (Pocket, p. 243)

A quoi bon lutter, en effet, quand votre vie est dirigée

> Par la logique d'une Influence maligne ?
> *Poèmes saturniens* (Poche, p. 21 ; Pocket, p. 39)

Dans ce domaine encore du « saturnisme », Verlaine se
montre disciple de Baudelaire qui qualifiait *Les fleurs du
mal* de « livre saturnien » (« Épigraphe pour un livre
condamné »). Au reste, que Verlaine croie ou non à
l'influence des astres sur la destinée des hommes, peu
importe. Il est clair qu'il entend signifier par là son
angoisse, sa résignation devant le tourbillon de tendances

érotiques et alcooliques qu'il sent plus fortes que lui-même.

Ce thème de la fatalité qu'un poète romantique orchestrerait en pathétiques dissertations, Verlaine le livre sans rhétorique et même sans la moindre description. Même dans les pièces les plus émues, la mélancolie verlainienne n'est pas « collectionneuse » ! Par exemple, « Après trois ans » (*Poèmes saturniens*, III ; Poche, p. 37 ; Pocket, p. 53) reprend le thème très romantique du pèlerinage du souvenir — celui-là même de « Tristesse d'Olympio » de Hugo, voire du « Lac » de Lamartine ! Mais, si les objets témoins du bonheur passé sont cités — on aurait envie de dire cités à témoigner : « la porte étroite qui chancelle », « l'humble tonnelle », le jet d'eau au « murmure argentin » — le poète ne s'attarde pas à les décrire, à les caresser du souvenir. Tout est dans la vibration de l'âme : il s'agit moins de voir et de faire voir que de communier à une atmosphère. On retrouve cet *impressionnisme affectif* dont nous parlions plus haut :

> Les roses comme avant palpitent ; comme avant,
> Les grands lys orgueilleux se balancent au vent.
> Chaque alouette qui va et vient m'est connue.
>
> Même j'ai retrouvé debout la Velléda,
> Dont le plâtre s'écaille au bout de l'avenue,
> — Grêle, parmi l'odeur fade du réséda.

Un Dieu maternel 7

Nous avons vu quel tournant et quel retournement s'étaient produits dans la vie et dans l'œuvre de Verlaine « en cet inoubliable jour de l'Assomption 1874 », au moment de sa brusque conversion religieuse. L'étymologie l'indique assez : se convertir, c'est se détourner de ses anciennes amours, se tourner vers de nouveaux visages. Sans doute doit-on se réjouir pour lui de « l'immense sensation de fraîcheur » qui envahit tout à coup cet homme brisé, en l'inondant d'« une joie oubliée depuis l'enfance ». Mais on ne peut manquer de déplorer qu'avec le zèle brouillon de tant de convertis, Verlaine ait cru devoir « jeter le bébé avec l'eau du bain » et abandonner en même temps que ses tentations charnelles et éthyliques ce qui faisait proprement la richesse et l'originalité de son chant.

Si les bons sentiments ne font jamais de la bonne littérature, la ferveur et la religiosité produisent souvent d'exécrables pathos. C'est dans un autre domaine que la mystique est créatrice. Ainsi, en dépit d'élans très sincères, très purs moments de poésie, au lendemain de la conversion, le chant de Verlaine s'embourbe vite dans la récitation dogmatique ou les mignardises liturgiques. On ne doit pas perdre de vue, en effet, que dans l'esprit même de Verlaine, *Sagesse* (1881) n'était que le premier volet d'un triptyque complété, quelques années plus tard, par *Amour* (1888) et *Bonheur* (1891). Un dernier recueil, *Liturgies intimes* (1892), viendra achever cette série d'œuvres religieuses qui alternent avec des livres d'un érotisme brûlant : *Parallèlement* (1889), *Chansons pour elle* (1891)... Pendant les vingt dernières années de sa vie, la foi clignote, vacille, reprend flamme, vacille à nouveau, sans jamais que les tentations ou les pires objections parviennent tout à fait à l'éteindre.

45

LA CONVERSION : ÉLAN OU REFUGE ?

Dans une pièce des *Poèmes saturniens* intitulée « L'Angoisse » (*Melancholia*, VIII ; Poche, p. 47 ; Pocket, p. 56), Verlaine s'affirmait athée, mais tout aussi sceptique à l'égard des valeurs humaines :

> Je ris de l'Art, je ris de l'Homme aussi, des chants,
> Des vers, des temples grecs et des tours en spirales (...)
> Je ne crois pas en Dieu, j'abjure et je renie
> Toute pensée, et quant à la vieille ironie,
> L'Amour, je voudrais bien qu'on ne m'en parlât plus.

Si donc, pour Verlaine, l'incroyance est angoisse, on devine déjà que pour lui, la foi, l'éblouissement de la conversion seront avant tout un mouvement affectif, la recherche d'un apaisement autant que d'une certitude.

Sans mettre en doute la sincérité de la démarche de Verlaine, on ne peut manquer de la rapprocher de ses autres passions. Tout à coup ébloui de certitude, Verlaine ne s'en remet-il pas à Dieu comme jadis il avait tenté de s'en remettre à son épouse ou à son amant, demandant à ce nouvel amour comme aux précédents une protection et un refuge contre lui-même, cherchant moins à se donner qu'à « s'abdiquer » (J. Borel) ?

Il n'est donc pas faux d'affirmer que Verlaine attend de la foi un salut immédiat « ici et maintenant », bien plus qu'une éternité *post mortem*. De ce point de vue, il est caractéristique qu'il semble plus soucieux de dogme que de mystique. En prison, il lit et relit non pas l'Evangile, François d'Assise et Jean de la Croix, mais le *Catéchisme de persévérance* et la *Somme théologique* de Thomas d'Aquin. Sans doute peut-on voir là une tendance du catholicisme de l'époque ; mais on peut penser aussi que cela convenait à sa pente naturelle. Le dogme est une certitude paisible, immobile ; alors que la mystique est une quête parfois angoissée du Tout Autre. C'est sans doute pour la même raison que Verlaine chante les louanges du Moyen Age « énorme et délicat » (*Sagesse*, I, 10 ; Poche, p. 77), plus *entier* encore dans ses certitudes que le XVIIe siècle classique.

Le titre *Sagesse* est donc à entendre au double sens du mot. Si Verlaine dédie l'ouvrage à sa mère, c'est pour affirmer que désormais, il entend renoncer à ses folies d'autrefois : il est devenu ou redevenu un « enfant sage ». Mais on peut aussi entendre le terme en son sens philosophique :

> Sagesse d'un Louis Racine[1], je t'envie !
>
> *Sagesse*, I, 9 (Poche, p. 86)

Verlaine détient désormais une source de certitude qui le met à l'abri du doute, du moins pour quelques années !

LA NOUVELLE SAGESSE

Il convient aussi de bien percevoir que la conversion ne signifie pas seulement pour Verlaine l'adhésion à un lot de convictions (et, par voie de conséquence, l'irruption d'images et de thèmes nouveaux dans sa poésie). La conversion implique essentiellement pour lui la décision de « réédifier sa vie » (*Bonheur*, XIII, Pléiade, p. 673). Cette sagesse appelle évidemment des changements au plus concret de l'existence. Abandonnant ses rêves de gloire littéraire et de vie facile, il voudrait s'ensevelir dans une existence calme et sans histoire : une « vie humble aux travaux ennuyeux et faciles » (*Sagesse*, I, 8 ; Poche, p. 75).

Tenté un temps par la vie religieuse, Verlaine, comme tant de convertis, entreprend de réformer sa vie à coups de sabre. La sensibilité religieuse de l'époque étant encore pétrie de jansénisme et de puritanisme, il se méfie plus que tout de l'ardente sensualité qui est en lui. Et, pour être sûr de ne pas céder à la tentation, il confond dans le même anathème les émois de la chair et le monde de perceptions savoureuses qui animent sa poésie. Dans *Amour* et *Bonheur* — plus encore que dans *Sagesse* — il

---

1. Il ne s'agit pas de Jean Racine, l'auteur de *Phèdre*, mais de son fils, qui connut une vie moins tumultueuse et n'écrivit que des œuvres religieuses, notamment le poème *La religion*.

renonce à l'impressionnisme de sa première manière, et sa poésie se fait plus classique, plus proche de celle de Hugo et de Lamartine dans les meilleurs moments, parfois, hélas ! déclamatoire et rhétorique.

Il convient de souligner aussi que cette réorganisation de l'existence s'accompagne d'une évolution politique si rapide qu'elle ne peut manquer de paraître opportuniste. Désireux d'être sacré « grand poète catholique » — une sorte de Paul Claudel avant la lettre — Verlaine s'emploie laborieusement à courtiser le public bien-pensant. Dans la préface de *Sagesse*, publiée en 1881, rappelons-le, il s'affirme « fils soumis de l'Eglise », et, après avoir fustigé comme un prédicateur la « corruption contemporaine », il parle avec une componction de chanoine de la charité qu'on doit aux pécheurs — même lorsqu'on est soi-même ce pécheur !

L'ancien « communard »[1] n'hésite pas à écrire lui-même une critique dithyrambique de *Sagesse* dans un journal royaliste, assurant les lecteurs des sentiments pleinement catholiques et « réactionnaires » (sic) de l'auteur. De même, dans le recueil *Amour* (1888), il polémique lourdement contre ce que certains historiens appellent joliment « la République des Jules » (Grévy, Ferry... tous les fondateurs de la 3ᵉ République laïque). Dans la nouvelle intitulée *Louise Leclerc*, il vaticine contre la « dégringolade moderne » : « cette corruption actuelle, œuvre réciproque de la presse et des mœurs, logique, dès longtemps prévue, prédite et... point assez combattue (...), dont le trait dominant est le reniement brutal de Dieu, la mort sans phrase à toute idée spiritualiste » (*Œuvres en prose*, Pléiade, p. 11).

On peut être choqué de la façon dont Verlaine tente ainsi, si l'on ose dire, de « rentabiliser » sa conversion (en pure perte, d'ailleurs). Mais, nous l'avons vu, dans tout domaine, Verlaine avait un immense besoin d'être accueilli, intégré à un groupe qui le réchauffe et le protège contre lui-même.

---

1. Verlaine avait manifesté quelque sympathie pour la Commune de Paris en 1871.

LA MYSTIQUE,
LE DOGME ET LA LITURGIE

Au lendemain de sa conversion, le sentiment presque physique de l'existence de Dieu *transporte* Verlaine et lui arrache d'admirables cris de ferveur et de confiance :

> O mon Dieu, vous m'avez blessé d'amour
> Et la blessure est encore vibrante...
> > *Sagesse*, II, 1 (Poche, p. 103)

> Mon Dieu m'a dit : Mon fils, il faut m'aimer. Tu vois
> Mon flanc percé, mon cœur qui rayonne et qui saigne...
> > *Sagesse*, II, 4 (Poche, p. 110)

Très vite, cependant, cette ardeur se tempère, en même temps que renaissent les tentations charnelles. Verlaine devient l'homme partagé, l'homme en partie double, vivant *parallèlement* à lui-même. Dans *Chansons pour elle*, il reconnaît ce principe des alternances de la chair et de l'Esprit (au sens biblique des termes : l'être vivant, tout entier corps et âme, tourné vers les convoitises les plus élémentaires ou rendu accueillant au Tout Autre) :

> Je fus mystique et je ne le suis plus,
> (La femme m'aura repris tout entier)
> Non sans garder des respects absolus
> Pour l'idéal qu'il fallut renier.
> > *Chansons pour elle*, XXV (Pléiade, p. 727)

● *La tentation rhétorique*

En même temps qu'il est repris par les tentations charnelles, son inspiration religieuse se fait rhétorique, contrainte. Ce n'est plus le chant profond de l'âme qui entraîne la création poétique, mais l'idée. Les mots ne chantent plus, ne dansent plus, mais *versifient* prosaïquement la leçon du catéchisme. Le poète *récite* avec l'énergie crispée de ceux qui cherchent avant tout à se convaincre eux-mêmes. Et souvent, le rythme est d'autant plus plat que les images sont outrées. Les derniers recueils chrétiens sont ainsi remplis de ces laborieuses déclamations :

> Je crois en l'Eglise romaine,
> Catholique, apostolique et
> La seule humaine qui nous mène
> Au but que Jésus indiquait...
>
> *Bonheur*, XVI (Pléiade, p. 681)

> Guerrière, militaire et virile en tout point,
> La sainte Chasteté, que Dieu voit la première
> De toutes les vertus marchant dans sa lumière...
>
> *Bonheur*, XII (Pléiade, p. 671)

On comprend que Verlaine se soit brouillé avec son éditeur qui, par erreur, avait encarté ce texte dans *Parallèlement*, le plus sensuel de ses recueils !

• *Liturgies*

Enfin, dans ses derniers recueils, le poète n'aura plus guère recours aux certitudes des dogmes, préférant évoquer le spectacle coloré de la liturgie et ses émotions bénignes, toujours neuves et toujours renouvelées. Ainsi, dans *Bonheur* (1891), il célèbre « le mois heureux de Marie » (XXVIII), les « cloches de Noël dans la nuit fleurie » (XXXIII), la « couronne d'argent des angélus », « entre l'envol des tours et des dômes de la cathédrale » (XXXII), l'atmosphère inquiète de la vigile de Pâques...

Le mouvement est plus net encore dans *Liturgies intimes*, l'organisation des pièces suivant le fil du calendrier liturgique (Avent, Noël, Circoncision...) ou le déroulement de l'office (*Asperges me, Kyrie Eleison, Gloria in excelsis Deo...*). C'est un véritable missel poétique que Verlaine a écrit là. En savourant les symboles des textes et des gestes liturgiques, il s'efforce de retrouver le sentiment de la présence de Dieu, comme au beau temps de la conversion. Ce chant très sensible, très sensuel parfois, aurait pu être pour Verlaine l'occasion de renouer avec son ancienne manière. En fait, l'ensemble paraît assez artificiel et n'atteint jamais la *grâce* (au double sens : religieux et artistique), la chaleureuse tendresse de *Sagesse*.

Rires et sourires de Verlaine $\boxed{8}$

Il est un aspect de l'œuvre verlainienne que trop d'anthologies passent sous silence - probablement parce qu'il dérange les idées reçues. Pourtant une lecture sans œillère ne laisse pas le choix. Au Verlaine - feuille d'automne des mélancolies envolées, force est bien d'adjoindre un Verlaine rabelaisien et paillard qui rit du vaste rire plissé des masques de théâtre antique ; un Verlaine amoureux de calembours et d'images vertes, et qui, comme un chansonnier, s'amuse à contrefaire les gloires du moment, sans oublier de se prendre lui-même pour cible ; un Verlaine ironique qui étrille, roule et boule ses « têtes de turc » dans le grand rire dévastateur de la satire. Autant de visages inattendus ; mais nous avons vu que Verlaine n'était pas avare de contradictions et de vies parallèles ! C'est peut-être, précisément, cet écartèlement qui l'a fait poète.

UN TEMPÉRAMENT COMIQUE ?

A lire la correspondance de Verlaine, on en vient parfois à se demander si *fondamentalement* il ne fut pas un tempérament comique épisodiquement visité par la nostalgie. De même que Corneille était sans doute *d'abord* un auteur comique hâtivement reconverti en tragédien solennel pour les besoins de la mode Mousquetaire — si hâtivement qu'il en oublie parfois quelques calembours au milieu des plus déchirantes tirades ! Certains textes de Verlaine pétillent d'une telle trucuence, d'une telle cocasserie, qu'on sent l'auteur plus familier du « rire à ventre déboutonné » d'un Rabelais que les sanglots longs des violons de l'automne !

51

Mais c'est avec le même naturel que s'exprime le Verlaine rigolard qui croque la vie à pleine bouche et le Verlaine malheureux, exilé de sa propre vie, découvrant peureusement choses et gens à travers la buée d'une rêverie incertaine. Verlaine est un de ces tempéraments *cyclothymiques* qui passent « en dents de scie » des enthousiasmes les plus exaltés aux dépressions les plus profondes. On peut seulement s'étonner que pour la plupart des lecteurs, l'un des deux visages ait complètement éclipsé l'autre.

A lire certains vers de Verlaine, on songe plus à Brassens et à Pierre Perret qu'à Lamartine. Ainsi, lorsqu'il il célèbre les gracieuses *rotondités* de ses compagnes :

> Des bas de dos très beaux et d'une gaîté folle
> Auxquels il ne manquait vraiment que la parole,
> Royale arrière-garde aux combats du plaisir.
>
> *Parallèlement* (Pocket, p. 255)

Si l'on ajoute que ce sonnet titré « Lombes » suit immédiatement le poème « Limbes » et qu'il est placé dans un chapitre du recueil intitulé *Lunes,* on en appréciera davantage la drôlerie... fondamentale !

VERLAINE, POÈTE ARGOTIQUE

Dans bon nombre de poèmes — toujours refoulés des anthologies avec une remarquable constance — Verlaine met en œuvre le registre argotique, avec la richesse d'invention verbale et de musicalité qui fera le génie d'un Jehan Rictus et d'un Raymond Queneau — plus près de nous d'un Pierre Perret ou d'un Léo Ferré.

On remarquera que le jeu des rythmes et des sonorités n'est pas moins étudié dans ces œuvres marginales que dans les chefs-d'œuvre répertoriés :

> Et, décanillés, ces amants,
> Munis de tous les sacrements,
> T'y penses moins qu'à ta pantoufle !
>
> « Casta piana », *Parallèlement* (Pocket, p. 238)

Ton blaire flaire, âpre et subtil,
Et l'étamine et le pistil...
          « L'impénitent », *Parallèlement* (Pocket, p. 258)

Ailleurs encore, devançant Queneau, Verlaine s'essaye à des graphies inédites qui ressuscitent les mots dans leur plus verte nouveauté :

E coi... Vou zôci dou ke lé zagnô
E meïeur ke le pin con manj...
« À A. Duvigneaux », *Invectives,* LXXVI (Pléiade, p. 610)

Malheureusement, en la matière, on observe le même affadissement que dans les autres domaines, à la fin de la carrière de Verlaine. Nous l'avons dit, les derniers recueils « amoureux » — *Elégies, Chansons pour elle, Dans les limbes* — tombent dans un certain prosaïsme, non seulement par les thèmes évoqués, mais aussi par leur présentation : rythmes déliquescents, jeux de mots éculés, calembours rhumatisants et pas toujours d'un goût très sûr. Même dans leur catégorie, ces « chansons de café-concert » paraissent bien décevantes. Ainsi ce curieux quatrain :

Lorsque tu cherches tes puces,
    C'est très rigolo.
Que de ruses, que d'astuces !
    J'aime ce tableau.
          Chansons pour elle, XXI (Pléiade, p. 725)

Le thème et le rythme promettaient la fraîcheur d'un nouvel *Au clair de la lune*. Las ! on se dandine au niveau de l'Almanach Vermot !

VERLAINE SATIRIQUE

Dans de nombreuses compositions de Verlaine, on trouve aussi l'équivalent littéraire de la caricature des grands dessinateurs politiques du XIXe siècle : Daumier, Granville, et, à la fin du siècle, Caran d'Ache et Forain[1].

1. Voir Jacques Sternberg, *Un siècle de dessins contestataires* (Denoël, 1974).

• Les œuvres de jeunesse

Cette veine satirique apparaît déjà dans « Monsieur Prudhomme », le premier poème de Verlaine à être imprimé qui se trouve repris à la fin des *Poèmes saturniens* (Poche, p. 85 ; Pocket, p. 83). Monsieur Prudhomme [1] est le type du bourgeois borné, enfermé à double tour dans ses certitudes, ou plutôt ses habitudes de pensée, marionnette conformiste et grandiloquente : un de ces « philistins » [2] honnis des Romantiques — homme de préjugés et de soucis matériels, ennemi non seulement de l'esthétique nouvelle, mais aussi de toute recherche désintéressée. Sur ce thème, Verlaine réalise un amusant contrepoint entre le fond et la forme. La solennelle vacuité du personnage, « maire et père de famille », enrhumé et soucieux de marier sa fille, ronronne sur les rythmes solennels du sonnet et de l'alexandrin :

> Il est grave : il est maire et père de famille.
> Son faux col engloutit son oreille. Ses yeux
> Dans un rêve sans fin flottent, insoucieux,
> Et le printemps en fleur sur ses pantoufles brille.

Contrairement à ce que pourrait faire croire une lecture distraite des principaux recueils, cette caricature n'est nullement isolée dans l'œuvre de Verlaine. Parmi ses œuvres de jeunesse, on peut mentionner « Une grande dame » (*Poèmes saturniens, Caprices*, IV Poche, p. 83 Pocket, p. 82), charge amère contre l'égoïsme distingué « Jésuitisme » (*Poèmes saturniens, Caprices*, II Poche p. 79 ; Pocket, p. 80) où le poète — dix ans seulement avant sa propre conversion — cingle ces impitoyable bigots qui mijotent de tortueux projets entre deux

---

1. C'est Henri Monnier (1799-1877), dessinateur, écrivain et acteur par surcroît qui avait imaginé le personnage, dans les *Scènes populaires dessinées à la plume* (1830) et dans les *Mémoires de M. Joseph Prudhomme* (1857), *Grandeur et décadence de M. Joseph Prudhomme*. Certains de ses aphorismes sont devenu proverbiaux : « Le char de l'Etat navigue sur un volcan » — « C'est mon opinion et je la partage »...
2. Ennemis traditionnels des Juifs, dans la Bible. Les Romantiques désignaient par ce terme les adversaires du renouveau artistique qu'ils prônaient : « Le bourgeois le moins connaisseur, le philistin le plus cuirassé de prosaïsme... (Gautier).

patenôtres ; ou encore « L'enterrement » (Pléiade, p. 125), que Verlaine aurait renoncé à faire paraître dans les *Poèmes saturniens* en raison de la mort de son père :

Je ne sais rien de gai comme un enterrement !

Le croquis incisif rappelle le fameux tableau de Courbet, « L'enterrement à Ornans ». Dans le poème comme sur la toile, rien ne manque à l'appel : « le prêtre en blanc surplis, qui prie allègrement », « l'enfant de chœur avec sa voix fraîche de fille », « les croque-morts au nez rougi par les pourboires », sans oublier, bien sûr, « les héritiers resplendissants » !

Le premier texte en prose que Verlaine ait publié, « Les Imbéciles » (1867), est aussi une violente charge contre « la France aux yeux ronds », « la France de l'argent et de la bêtise égoïste, pondérée, logique et triomphante » (*Œuvres complètes en prose ;* Pléiade, p. 985) : la lecture assidue de Proudhon est encore sensible dans ce texte.

● *Invectives posthumes*

Par la suite, Verlaine rêva longtemps d'un recueil où il puisse décharger ses humeurs. Son éditeur ayant refusé de publier, dans *Sagesse* puis dans *Amour,* les poèmes qu'il jugeait trop polémiques, ceux-ci connurent finalement une publication posthume sous le titre *Invectives.* Ce « livre où (son) fiel s'amuse » (« Post-scriptum au Prologue », Pléiade, p. 900) est un « grand festin à belles dents » où il mord de bon appétit toutes ses têtes de turc. A commencer par

Celle qui ne sut m'aimer.

(*Ibid.*)

Ensuite, le menu brasse en une agréable macédoine « cognes et flics » (sic ! XLV), les « magistrats de boue » « magistralement injustes » (XVIII, XXI), les « médecins inhumains » (XV), un éditeur indélicat « brigand de littérature », « qui vendrait Dieu trente deniers » (XXV), tel ou tel de ses amis qui l'a déçu.

Enfin, et peut-être surtout, Verlaine, devenu passablement réactionnaire après sa conversion, règle ses comptes avec ses adversaires politiques. Aucune de ses cibles habituelles n'est oubliée : l'Anarchie qu'il « abomine » (V), la République, « immonde vieillarde »

> Qui veut qu'on la reluque et non qu'on la regarde.
> (Pléiade, XXVII, p. 926)

Depuis peu adversaire résolu du suffrage universel et de la représentation populaire, Verlaine fustige à tour de bras les assemblées républicaines.

Il y dénonce pêle-mêle « la sottise crasse et la plate laideur », « l'ineptie, l'impudeur » des parlementaires :

> Le tout, un vol de sous dans un bruit de parlote !
> (Ibid.)

Quant aux personnes, elles ont aussi leur paquet : « Papa Grévy », « l'affreux Ferry » (Ibid.). Bref, « Assez des Gambettards » et des « Bourgeois vessards »[1].

Hélas ! Verlaine n'avait rien d'un Juvénal[2], encore moins d'un Bloy ou d'un Bernanos[3]. Il faut sans doute moins de sensibilité pour modeler l'incisive poésie satirique et plus de coffre pour mugir des pamphlets prophétiquement ravageurs ! Ses invectives font souvent l'effet de pétards mouillés. L'éternel grognement réactionnaire voudrait tonner comme les grandes orgues, mais il s'enfle tant qu'il crève en un ridicule coassement.

PASTICHES ET PARODIES

On peut considérer comme une variante de cette production satirique les nombreux poèmes parodiques de Verlaine. Quel plus sûr moyen, en effet, de lutter contre les gloires usurpées, que de se parer de leurs plumes de paon !

1. Néologisme forgé par Verlaine à partir de *vesse*, gaz intestinal.
2. Juvénal, poète satirique latin (1er siècle ap. J.-C.), dénonça avec vigueur les vices de la Rome impériale.
3. Léon Bloy (1846-1917), écrivain catholique qui critiqua sévèrement la société bourgeoise de son temps, notamment dans *Exégèse des lieux communs*. Georges Bernanos (1888-1948), fervent catholique lui aussi ; ses essais ont été un cri d'alarme contre le fascisme (*Les grands cimetières sous la lune*) et la société industrielle capitaliste (*La France contre les robots*).

- *A la manière de quelques-uns*

Verlaine donne véritablement au pastiche ses lettres de noblesse — en particulier dans le chapitre de *Jadis et Naguère* intitulé *A la manière de plusieurs*. Avec un sens très sûr de l'imitation et de la caricature, il fait du Théodore de Banville plus vrai que nature, ainsi pour présenter « La princesse Bérénice » (*Jadis et Naguère*; Pocket, p. 159) :

> Sa tête fine dans sa main toute petite,
> Elle écoute le chant des cascades lointaines...

Avec autant de bonheur, dans le « Pantoum négligé »[1] (*Jadis et Naguère*; Pocket, p. 161), il parodie « Les amoureuses » d'Alphonse Daudet, en poussant la mystification jusqu'à signer son texte du nom de sa « victime » pour la première parution en revue ! Ailleurs, il déclame comme le Hugo des *Châtiments* (« Ultissima verba »[2], *Œuvres poétiques complètes*, p. 298), ou imite les émois mignards de Sully Prudhomme, en dramatisant à peu de frais, non point sur un vase fêlé — « N'y touchez pas, il est brisé ! » (*Stances et poèmes*) — mais sur la mort d'un pinson :

> ... Mais quand l'ombre
> Se dissipa, cédant, Soleil, à ton effort,
> La vérité nous apparut : il était mort !
> > *Dédicaces*, XLVI, *Œuvres poétiques complètes*,
> > (Pléiade, p. 585)

En matière de parodie, François Coppée, son « bon ami Coppée », avec lequel il avait écrit une pièce de circonstance dans ses jeunes années : *Qui veut des merveilles ?* (*Œuvres poétiques complètes*; Pléiade, p. 23), constitue sa cible de prédilection — au point de faire de ces pastiches un véritable genre littéraire, les « vieux Coppée ». On en trouve une série à la fin de *Jadis*

1. Un *pantoum* est un poème composé de quatrains à rimes croisées avec reprise des 2e et 4e vers par le 1er et le 3e de la strophe suivante. Par exemple, « Harmonie du soir » de Baudelaire.
2. Les toutes dernières paroles — parodie d'un titre de Hugo : « Ultima verba » (*Châtiments*). Pour un latiniste, le titre de Verlaine est une impropriété : *ultima* ne peut être mis au superlatif, puisqu'il a déjà cette valeur.

et Naguère (« A la manière de plusieurs »). Mais il est indubitable, cependant, que Verlaine a subi l'attraction du réalisme un peu mièvre de l'auteur des *Humbles*. Certaines œuvres comme « Le clown » ou « L'auberge » (*Jadis et Naguère* ; Pocket, p. 102 et 109), en portent clairement la marque.

● *Autoparodie*

A la fin de sa vie, Verlaine pousse l'ironie jusqu'à se parodier lui-même. C'est ainsi que l'on trouve dans *Parallèlement* un poème « A la manière de Paul Verlaine » (Pocket, p. 251), un « Poème saturnien » (p. 256), et une « Dernière fête galante » (p. 256). Verlaine rit ouvertement de sa propre production, voire de sa propre personnalité. Du reste, était-ce bien seulement la préciosité des petits marquis enrubannés que plaisantaient déjà les *Fêtes galantes* :

> Mourons ensemble, voulez-vous ?
> « Les indolents » (Poche, p. 164 ; Pocket, p. 148)

> Je languis et me meurs, comme c'est ma coutume.
> « Lettre » (Poche, p. 162 ; Pocket, p. 147)

On reste songeur en pensant que ces vers en forme de pirouette n'ont été écrits que quelques mois après les déchirantes confessions des *Poèmes saturniens* :

> Oh ! je souffre, je souffre affreusement...
> « A une femme » (Poche, p. 45 ; Pocket, p. 56)

Dans les derniers ouvrages, cette ironie se fait amère, presque désespérée. Ainsi, pour évoquer ses pauvres amours de vieillard avec une catin, il reprend l'incantation des bonheurs perdus, le chant d'espoir du prisonnier de Mons :

> La vie est là, simple et tranquille.
> *Dans les limbes* (Pléiade, p. 836)

Lugubre pirouette d'un clown désabusé et qui est seul à rire de ses facéties ! L'ironie est parfois la forme achevée du désespoir.

LA SATIRE ET LE RÊVE

On aurait tort, on le comprend maintenant, de traiter par le mépris cette veine humoristique de Verlaine, de n'y voir que divertissements de collégien, déjections d'ivrogne, humeurs de vieillard. Les premières œuvres satiriques, en particulier, sont loin d'être négligeables. Le critique Octave Nadal a clairement établi que ces compositions ont eu une influence déterminante sur le jeune Rimbaud. A travers ces caricatures féroces, Verlaine a sans doute fourni à son ami le modèle ou du moins l'inspiration de cette poésie au vitriol qui sera la sienne. Le caractère *pré-rimbaldien* de certaines pièces est patent. En relisant « Jésuitisme » ou « Monsieur Prudhomme » (*Poèmes saturniens* ; Poche, p. 79 ; Pocket, p. 80), on ne peut manquer de songer aux « Assis », à « Roman » ou au « Châtiment de Tartuffe ».

Il est clair, enfin, que la virulente dénonciation de la bêtise satisfaite, de l'hypocrisie et du confort moral n'est pas sans lien avec l'affirmation par Verlaine de la suprématie du rêve sur les « besognes vulgaires » (*Poèmes saturniens*, « Prologue », Poche, p. 25 ; Pocket, p. 43). La poésie satirique et parodique de Verlaine n'a donc pas fondamentalement une autre visée que ses recherches apparemment plus fondamentales. Il est frappant, par exemple, que ce sont souvent les sujets d'angoisse qui excitent le plus la verve ironique du poète :

> Le chagrin qui me tue est ironique, et joint
> Le sarcasme au supplice...
> Et sur la bière où gît mon Rêve mi-pourri
> Beugle un *De profundis* sur l'air du *Tradéri*.
>
> « Jésuitisme », *Poèmes saturniens*
> (Poche, p. 79 ; Pocket, p. 80)

9 | De la musique avant toute chose : rythmes et timbres verlainiens

Du temps où les « morceaux choisis » étaient l'outil privilégié de l'enseignement littéraire (10 pages de Hugo + 5 de Baudelaire + un zeste de Nerval = une culture !), l'*Art poétique* de *Jadis et Naguère* (Pocket, p. 106) figurait toujours parmi les deux ou trois concentrés de littérature verlainienne proposés ou imposés à l'admiration des foules lycéennes :

> De la musique avant toute chose,
> Et pour cela préfère l'Impair
> Plus vague et plus soluble dans l'air,
> Sans rien en lui qui pèse ou qui pose...

Les vers chantent et enchantent, mais le risque alors était grand d'y voir une sorte de mode d'emploi, de *modèle* que Verlaine aurait systématiquement appliqué à toute sa production. En fait, comme la plupart des Arts poétiques, celui de Verlaine s'est élaboré *a posteriori,* après une longue pratique intuitive — si longue même que Verlaine ne formule son esthétique que peu avant de l'abandonner ! En outre, le survol des grands thèmes de l'œuvre nous a déjà amplement montré que cette déclaration d'intention n'est que *l'une* des poétiques successives de Verlaine.

De fait, il n'y a pas un Art poétique de Verlaine, mais au moins trois ! C'est qu'en effet, nous le verrons, on retrouve dans son œuvre un écho de toute l'histoire littéraire de son temps. Mais avant de s'interroger sur ses fluctuations, il nous faut explorer sur le terrain de l'œuvre en quoi consiste la recherche personnelle de Verlaine en matière de rythmes et de sonorités.

A. LE VERLAINE DE LA GRANDE ÉPOQUE

...Et pour cela, préfère l'impair : les rythmes verlainiens

L'*Art poétique* de *Jadis et Naguère* (1884) ne décrit — et avec quelle élégance ! — que l'un des styles successifs du poète ; mais il n'en caractérise pas moins le plus haut moment de son art. On en trouve la pleine expression dans *Romances sans paroles* (1873) ou dans *Jadis et Naguère* (1884). Cependant, on voit s'ébaucher cette manière dès les *Poèmes saturniens* (1866).

● *Premières tentatives*

Dès son premier recueil poétique, Verlaine manifeste une grande originalité dans le choix des mètres et des rythmes (qu'il écrit *rhythmes* selon l'usage de l'époque). Si bon nombre de pièces utilisent sagement l'alexandrin ou l'octosyllabe, Verlaine tente un timide recours aux rythmes impairs. Certains poèmes sont composés de vers de cinq pieds : « Marine » (Poche, p. 54 ; Pocket, p. 64), « Soleils couchants » (Poche, p. 63 ; Pocket, p. 69), ou de sept pieds : « La chanson des ingénues » (Poche, p. 80 ; Pocket, p. 80).

Ailleurs, c'est le dialogue des mètres pairs et impairs qui anime le poème : « Cauchemar » (Poche, p. 52 ; Pocket, p. 62) : 7-4, « Croquis parisien » (Poche, p. 51 ; Pocket, p. 61) : 10-5, « Chanson d'automne » (Poche, p. 69 ; Pocket, p. 73) : 4-3.

Dans la *Critique des Poèmes saturniens* écrite à la fin de sa vie (*Revue d'aujourd'hui*, 15 mars 1890, et *Œuvres poétiques complètes*, p. 1071-1074), Verlaine concède avec une sorte de timidité qu'il a « réservé pour les occasions harmoniques ou mélodiques ou analogues, ou pour telles ratiocinations compliquées des rythmes inusités, impairs pour la plupart, où la fantaisie fût mieux à l'aise, n'osant employer le mètre sacro-saint (entendons : l'alexandrin) qu'aux limpides spéculations, qu'aux énonciations claires, qu'à l'exposition rationnelle des objets, invectives ou paysages » (*ibid*., p. 1073). On en conviendra : si réserve il y a, elle paraît bien mitigée : en faisant mine de s'excuser de ses audaces, Verlaine met en valeur les plus originaux de ses poèmes !

En outre, comme Verlaine le note dans le même texte, tout un travail se fait jour, dès ce premier recueil, pour assouplir les mètres convenus. Par le jeu des enjambements[1] et par le déplacement de la césure[2] (ou, du moins, sa position étant rendue plus floue grâce aux E muets sans élision), Verlaine se met en route vers une « versification un peu libre » qui fera son génie propre.

● *Des rythmes nouveaux*

Le rythme est beaucoup plus dansant encore, nettement plus affranchi, dans les *Fêtes galantes*. Par le jeu subtil — et parfois à la limite de la préciosité — des allitérations et des coupes, Verlaine fait gambader ses vers sur des rythmes étranges qui conviennent bien au jeu immatériel de ces créatures de rêve. L'admirable « Colombine » (Poche, p. 166 ; Pocket, p. 149) est un bon exemple de cette recherche de rythmes nouveaux. Léandre, Pierrot et Cassandre pirouettent sur des vers de 5 et 2 pieds — sans oublier

> Arlequin aussi,
> Cet aigrefin si
> Fantasque.

Par la suite, Verlaine s'orientera plus audacieusement encore vers les rythmes impairs. Et même dans *Sagesse*, il n'est pas encore, en matière de rythme, le poète

---

1. Procédé stylistique qui consiste à reporter au vers suivant un ou plusieurs mots nécessaires à la compréhension du sens.
2. Pause à l'intérieur du vers. Elle est située au milieu de l'alexandrin classique. Exemple d'enjambement et de césures étonnantes dans « A une femme » (*Poèmes saturniens* ; Poche, p. 45 ; Pocket, p. 56) :
  Oh !/je souffre,/je souffre affreusement/, si bien
  Que le gémissement premier/du premier homme
  Chassé d'Eden/n'est qu'une églogue au prix du mien.

traditionaliste qu'il se targue d'être devenu. Des alexandrins voisinent avec les vers de 7 et 5 pieds des anciennes recherches :

> Du fond du grabat
> As-tu vu l'étoile
> Que l'hiver dévoile ?...
>
> Sagesse, III, 2 (Poche, p. 119)

> La mer est plus belle
> Que les cathédrales,
> Nourrice fidèle,
> Berceuse de râles,
> La mer sur qui prie
> La Vierge Marie !
>
> Sagesse, III, 15 (Poche, p. 138)

On songe aussi, bien sûr, à l'admirable « Je ne sais pourquoi », que nous avons déjà cité, où les vers de 13, 8 et 5 pieds se mêlent avec une remarquable maîtrise :

> Je ne sais pourquoi
> Mon esprit amer
> D'une aile inquiète et folle vole sur la mer.
> Tout ce qui m'est cher,
> D'une aile d'effroi
> Mon amour le couve au ras des flots. Pourquoi, pourquoi ?

> Mouette à l'essor mélancolique,
> Elle suit la vague, ma pensée...
>
> Sagesse, III, 7 (Poche, p. 129)

Dans certaines pièces de *Parallèlement*, les vers de 7 pieds dialoguent avec ceux de 5, 4, voire 3 pieds :

> Dame souris trotte,
> Noire dans le gris du soir.
>
> « Impression fausse » (Pocket, p. 245)

> L'éternel problème ainsi
>   Eclairci...
>
> Appendice à *Parallèlement*, « Projet en l'air »
(Pléiade, p. 529)

● *Rythmes impairs et boiterie*

La virtuosité est plus étonnante encore dans le «Sonnet boiteux» de *Jadis et Naguère* (Pocket, p. 101) où Verlaine tente une composition tout entière en vers de treize pieds découpés en général 5-8 :

> Londres fume et crie. Ô quelle ville de la Bible !

De même, dans la fameuse *Ariette IV* des *Romances sans paroles* (Poche, p. 31 ; Pocket, p. 45), Verlaine s'essaie aux vers de onze pieds :

> Soyons deux enfants, soyons deux jeunes filles
> Eprises de rien et de tout étonnées...

Dans «Crimen amoris» également de *Jadis et Naguère* (Pocket, p. 170), il donnera à ce rythme inusité ses lettres de noblesse. Périlleuse tentative, car ce mètre de onze pieds est sans doute le plus arythmique qui soit : «Ne consentant pas au sol, note O. Nadal, il fait naître on ne sait quel sentiment d'insécurité (...). Il ne s'équilibre que dans un faux pas continuel (...). Une impression d'inachèvement se dégage en outre de ses tracés les moins escarpés» (*Verlaine*, Mercure de France, 1961).

De la musique avant toute chose : les sonorités

Dès ses premiers recueils, la recherche de Verlaine n'est pas moins subtile en matière mélodique qu'en matière rythmique. Fidèle au principe des correspondances baudelairiennes [1], Verlaine associe la musique des mots à

---

1. Pour Baudelaire, les différentes sensations sont de même nature. Elles *correspondent,* communiquent entre elles. Cf. dans *Les Fleurs du mal* le sonnet intitulé précisément « Correspondances » :
> Il est des parfums frais comme des chairs d'enfants,
> Doux comme les hautbois, verts comme les prairies,
> — Et d'autres, corrompus, riches et triomphants...

leur pouvoir évocateur. Ainsi, dans les deux seules pièces dignes de considération de *La bonne chanson* :

> Avant que tu ne t'en ailles,
> Pâle étoile du matin,
> — Mille cailles
> Chantent, chantent dans le thym.

(V, Poche, p. 7)

> La lune blanche
> Luit dans les bois ;
> De chaque branche
> Part une voix
> Sous la ramée...

(VI, Poche, p. 8)

● *Le poème est un chant*

Peu à peu les mots sont choisis comme autant de notes de musique, moins pour le sens qu'ils véhiculent que pour la mélodie qu'ils jouent. Il ne serait pas excessif de parler d'un véritable *impressionnisme musical* : c'est en eux-mêmes, par leur propre musicalité, que les mots déploient leur pouvoir de suggestion, sans que l'on ait à faire le détour par l'idée ou l'image.

Souvent, les titres même choisis par Verlaine indiquent clairement cette volonté de créer une poésie qui soit essentiellement musique : *Ariettes oubliées, Romances sans paroles*. Ce dernier titre, emprunté à Mendelssohn, se trouvait déjà évoqué dans les *Fêtes galantes* :

> Mystiques barcarolles,
> Romances sans paroles.
> « A Clymène » (Poche, p. 160 ; Pocket, p. 146)

Il serait faux, toutefois, d'opposer un Verlaine musicien à un Verlaine plasticien, un impressionnisme pictural à un impressionnisme musical. C'est le même style à fleur de l'âme, la même façon de faire chanter les images et les mots. Par le jeu des correspondances, la sensation visuelle ou auditive ne fait qu'un avec l'élan de l'âme. A la limite, les paysages n'éveillent le chant que parce qu'ils présentent une sourde affinité avec l'état d'âme. Ainsi, dans cette pièce de *Sagesse* (III, 9 ; Poche, p. 132) :

> Le son du cor s'afflige vers les bois
> D'une douleur on veut croire orpheline
> . . . .
> Et l'air a l'air d'être un soupir d'automne,
> Tant il fait doux par ce soir monotone
> Où se dorlote un paysage lent.

● *Fantaisie et musique*

En outre, la musique n'orchestre pas moins la fantaisie que la mélancolie verlainienne. Ainsi, dans « Images d'un sou » (*Jadis et Naguère* ; Pocket, p. 114) (que Verlaine avait songé d'abord appeler « Le bon alchimiste » en hommage à Rimbaud [1]), des lambeaux de vieilles chansons dialoguent comme dans une chambre d'échos, s'appelant les unes les autres et s'effaçant tout aussitôt, foisonnants, désordonnés et chaotiques comme dans un rêve.

Même mouvement dans « Pierrot » (*Jadis et Naguère* ; Pocket, p. 96) :

> Sa gaîté, comme sa chandelle, hélas ! est morte,
> Et son spectre aujourd'hui nous hante, mince et clair.

Bercé dès l'enfance par les concerts symphoniques des kiosques de jardins publics, grand amateur d'opéra, d'opérette, voire de chansons, Verlaine avait songé à plusieurs reprises à écrire le livret d'un opéra bouffe. On ne s'étonnera donc pas que la musique soit toujours présente sous sa plume. Ainsi, le « Nocturne parisien » des *Poèmes saturniens* (Poche, p. 100 ; Pocket, p. 91) évoque l'orgue de barbarie aux lancinantes mélodies :

> Il brame un de ces airs, romances ou polkas,
> Qu'enfants nous tapotions sur nos harmonicas (...)
> Les notes ont un rhume et les *do* sont des *la*,
> Mais qu'importe ! l'on pleure en entendant cela !

---

1. Allusion au célèbre poème en prose de Rimbaud, « Alchimie du verbe » (*Une saison en enfer*).

Bien mieux : les personnages des *Fêtes galantes* s'expriment souvent comme à l'opérette, à mi-chemin entre solfège et chanson, à mi-chemin entre comptine et poème :

> — Do, mi, sol, mi, fa, —
> Tout ce monde va,
> Rit, chante
> Et danse devant
> Une belle enfant
> Méchante.
> « Colombine » (Poche, p. 166 ; Pocket, p. 149)

La rime, ce « bijou d'un sou »

Dans son « Art poétique » de *Jadis et Naguère* (Pocket, p. 106), Verlaine administre à la rime une véritable volée de bois vert :

> Ô qui dira les torts de la Rime ?
> Quel enfant sourd ou quel nègre fou
> Nous a forgé ce bijou d'un sou
> Qui sonne creux et faux sous la lime ?

Cependant, dans ce domaine, Verlaine innove bien moins qu'on pourrait croire. Ce n'est guère que dans ses toutes dernières productions, éditées après sa mort, qu'il renonce explicitement à la rime, intitulant des pièces : « Assonances[1] galantes » (*Chair* Pléiade, p. 886), « Vers en assonances » (*ibid.*, p. 891), « Vers sans rimes » (*ibid.*, p. 892) : *monde* y fait écho à *rond*, *reprend* à *rendre*, *glorifier* à *fière*, etc.

A ses jeunes confrères qui, à la fin de sa vie, lui reprochaient une certaine timidité, un certain illogisme dans la conquête du vers libre, Verlaine répond en substance que la rime est un « abus » qui « pèse et encombre » la poésie française. Mais c'est un mal nécessaire, « indispensable » même, dans une langue peu accentuée comme la nôtre (*Epigramme*, II Pléiade, p. 854).

1. Assonance : répétition d'une voyelle ou d'un son vocalique (par exemple, *an*, *ou*) à l'intérieur d'un vers, ou en fin de vers en guise de rime.

Quant à lui, il estime s'en être servi « avec quelque judiciaire », évitant en tout cas les « formes de l'écho indiscrètement excessives » (*Critique des Poèmes saturniens, op. cit.*, p. 1074).

En 1880, Verlaine pousse même le courage — ou la provocation — jusqu'à proclamer sans ambiguïté la nécessité de la rime dans *Le Décadent*, l'organe même de la nouvelle école si hostile aux servitudes formelles de la poésie traditionnelle. Il est juste, toutefois, de noter que, s'il conserve la rime en fin de vers, Verlaine a cherché à atténuer son effet d'écho trop répétitif par tout un travail mélodique d'assonance et d'allitération [1] à l'intérieur du vers. Ainsi, la phrase cesse de « marcher au pas » ; elle déborde le strict découpage des vers dans une musique qui demeure indissociablement rythme, sens et mélodie.

B. LES AUTRES POÉTIQUES DE VERLAINE

Pour qui étudie l'œuvre dans son déroulement historique, le Verlaine « éternel » que nous venons d'évoquer n'est pas le seul. On le disait en commençant, il y a au moins trois arts poétiques — davantage encore si l'on prend en compte les professions de foi parnassiennes des œuvres de jeunesse, notamment la préface et l'épilogue des *Poèmes saturniens*.

Verlaine et les Parnassiens

Lorsque Verlaine publie ses premiers poèmes (1860-1864) (œuvres de jeunesse et *Poèmes saturniens*), le Parnasse est, en effet, l'école poétique la plus en vogue. Ses adeptes entendent réaliser une poésie *impassible,* purgée de toute confidence ou de toute émotion personnelle, aussi rigoureuse et « positiviste » que la science. Un Leconte de Lisle ou un Heredia mettent cet idéal au service d'une poésie documentaire : tableaux de batailles, bestiaire ou paysages exotiques. Un Coppée ou un Sully Prudhomme

---

1. Répétition d'un son consonantique.

consacrent ces mêmes principes à une poésie intimiste et plus modeste.

Dans l'épilogue des *Poèmes saturniens* (Poche, p. 123 ; Pocket, p. 107), Verlaine pousse l'allégeance à l'école parnassienne jusqu'à lui emprunter ses images familières de sculpture laborieuse et de ciselure méticuleuse[1]. Foin de l'inspiration, des « troubles opportuns » et des « transports complaisants ». Ce qui fait le poète,

> C'est l'Obstination et c'est la Volonté !

> C'est la Volonté sainte, absolue, éternelle,
> Cramponnée au projet comme un noble condor.

Le sinistre volatile avait été chanté, on s'en souvient, par Leconte de Lisle en un sonnet impersonnel et parfaitement léché comme un chromo.

L'outrance même du propos amène à le nuancer fortement. Tout à la fin de sa vie, dans sa conférence à Anvers (*Œuvres complètes en prose,* p. 904), Verlaine qualifiait ce premier recueil de « chose jeune et forcément empreinte d'imitation », et souriait de la naïveté « parfois écolière » de son propos. Il n'est pas loin d'affirmer, au cours de la même causerie, que s'il se proclamait alors « impassible », ce n'était guère que pour être « à la mode ». Quant aux poèmes parnassiens qu'il a commis alors, ce n'étaient guère que des pastiches ! Qui, du reste, a jamais pris très au sérieux des proclamations telles que :

> Pauvres gens ! l'Art n'est pas d'éparpiller son âme :
> Est-elle en marbre, ou non, la Vénus de Milo[2] ?
> « Epilogue III », *Poèmes saturniens*
> (Poche, p. 123 ; Pocket, p. 107).

Par-delà l'opportunisme et la maladresse de ces professions de foi, l'important est sans doute que Verlaine y ait affirmé solennellement son « entrée en poésie ».

1. Théophile Gautier : *L'Art (Emaux et camées)* :
       Oui, l'œuvre sort plus belle
    D'une forme au travail
             Rebelle,
    Vers, marbre, onyx, émail...
2. Nouvelle allusion à *L'Art* de Théophile Gautier : l'art est une tâche difficile, la beauté naît de la difficulté surmontée.

Verlaine poète « décadent » ? (1875-1885)

En réaction contre le modèle parnassien, de jeunes poètes se groupent dans les années 1880 autour d'un aimable farfelu nommé Anatole Baju. Appelés d'abord par dérision *les Décadents,* ils adopteront ce terme et s'en feront gloire. A l'opposé du souci parnassien de la perfection formelle, ils entendent lâcher la bride à l'expression, mettre en œuvre les *vers libres,* de dimension variable, rimés ou seulement assonancés, plus propres selon eux à traduire le subtil déroulement des émotions et de la rêverie. Le plus parfait représentant de la nouvelle école n'a jamais existé : c'est le principal personnage du roman de Huysmans, *A rebours* : des Esseintes. Mais on pourrait trouver, chez Tailhade, Rodenbach et surtout l'admirable Jules Laforgue, de riches exemples de cette esthétique.

Très vite, le « décadisme » est relayé par le symbolisme dont Jean Moréas et René Ghil formuleront le manifeste en systématisant l'idée des correspondances baudelairiennes (v. ci-dessus p. 64) : non seulement les sensations communiquent entre elles, mais elles dialoguent avec les idées ou les sentiments.

Adulé par les jeunes poètes décadents et symbolistes, Verlaine va connaître, à la fin de sa vie, un semblant de célébrité à la faveur d'un malentendu. Avec l'enthousiasme sans nuance des passionnés, ces bouillants jeunes gens voient en lui un maître à penser (de fait, une certaine parenté existe entre l'impressionnisme verlainien et leurs recherches). Ils font du poème « Langueur » (*Jadis et Naguère* ; Pocket, p. 160) une sorte de manifeste du mouvement — sans remarquer, semble-t-il, qu'il était publié dans le cycle parodique du recueil !

Le malentendu ne pouvait se prolonger indéfiniment. En se rapprochant de l'école romane, Verlaine rompra non sans éclat avec le « décadisme parasite » (et il fait rimer le mot avec *mythe* et *termite* !).

Verlaine et l'École romane (vers 1890)

En explorant la veine religieuse de son œuvre, nous avons vu le danger que représentait pour Verlaine la tentation du dogmatisme : éloquence pâteuse, récitation sans âme ; le dogmatisme tue la poésie, quel que soit le dogme. Il est caractéristique, en effet, que, voyant sa foi religieuse faiblir, Verlaine se jette dans un dogmatisme de type politique. Toujours en quête d'une Eglise, d'une école, d'un couple, d'un ménage où se consoler et se fuir, il s'entiche un moment de l'Ecole romane. Animé par Jean Moréas en rupture de symbolisme, ce groupe peu connu entendait réagir contre les « déliquescences » décadentes et symbolistes et restaurer un nouveau classicisme. Ce retour de balancier n'est pas étranger à l'effervescence nationaliste et patriotique de la fin du siècle. Et d'autant moins que le plus excessif des poètes *romans* n'est autre que Charles Maurras, plus connu pour son œuvre politique et pamphlétaire à l'*Action Française* ! La nouvelle esthétique se targue d'ordre et de clarté, voulant allier « la force gauloise et la tradition de Rome la grande » — bref, une poésie pour sous-officiers de carrière ! Foin de toute fantaisie, de la libre recherche musicale et rythmique, de l'exploration du « mystère nocturne », de l'allusion, du symbole ! Les hommes, les idées et les mots marcheront au pas, vêtus de probité candide et de stricts uniformes. Au pas, Verlaine, au pas :

> L'amour de la Patrie est le premier amour
> Et le dernier amour après l'amour de Dieu.
>
> *Bonheur*, XXX (Pléiade, p. 697)

Le dernier art poétique :
« L'art, mes enfants, c'est d'être absolument soi-même » (*Bonheur*, 1891)

Revenant donc à un certain classicisme à la fin de sa vie, Verlaine éprouve le besoin de formuler son nouvel Art poétique — qui est en même temps un Art de vivre. Tel est l'argument de la pièce XVIII de *Bonheur* (1891), dont on ne retient souvent que le célèbre aphorisme :

> L'art, mes enfants, c'est d'être absolument soi-même.
>
> (Pléiade, p. 683)

Dans un discours presque caricatural d'éloquence trico-
lore et catholique, Verlaine vitupère « l'esprit vain »,
« l'ostentation », mais s'élève en même temps contre l'art
« sans cœur et sans entrailles ». La poésie doit exprimer

> Des sentiments enfin naturels et réels (...)
> L'art tout d'abord doit être et paraître sincère
> Et clair, absolument... (*ibid.*)

Dans les *Invectives,* recueil posthume (Pléiade, p. 900),
Verlaine écrit semblablement :

> Je fais des vers comme l'on marche devant soi.

Mais la sincérité doit aller de pair avec un souci de clarté
lumineuse, que ne désavoueraient pas les poètes néo-
classiques. La sincérité n'est pas le fouillis,

> Mais l'équilibre, mais la vision artiste,
> Sûre et sincère et qui persiste et qui résiste
> A l'argumentateur plat comme au songe-creux.
> *Bonheur,* XV (Pléiade, p. 677)

Ce disant, pour être « lui-même » et au nom de la
sincérité avant tout, Verlaine renonce aux tableautins
léchés des Parnassiens, mais aussi aux coups de clairon de
l'Ecole romane. Le poète n'est pas un porte-parole.
Parallèlement, au nom de la clarté, il doit se garder des
arcanes de la poésie symboliste, mais renier aussi tout ce
qu'il y a de flou et d'indécis dans sa propre poétique et
qui pourtant constitue l'aspect le plus créateur de son
œuvre. Bref, outre sa naïveté, cette solennelle proclama-
tion annonce une certaine mort du poète à lui-même —
au moment précis où sa renommée était à son zénith.
  Les derniers recueils donnent l'impression pénible que
le poète ne cesse de se fuir. Œuvres de circonstance,
parfois même « alimentaires », pastiches sans verve,
poésie somnambulique, souvent le sens y étouffe la
musique des mots, la syntaxe se fait pataude, le rythme
devient prosaïque. Verlaine ne semble plus rimer que par
habitude, par manie, et non plus par nécessité intérieure.

Adieu au poète : Verlaine écartelé entre le rêve et le réel

Ivre de sentiments et de sensations, mal à l'aise dans son corps et dans sa vie, Verlaine ne pouvait manquer d'attribuer une place privilégiée au rêve et à la rêverie. Devançant les recherches surréalistes, voire la littérature psychanalytique qui fait florès aujourd'hui, il n'hésite pas à reproduire quelques-uns de ses rêves dans un recueil de poèmes en prose, les *Mémoires d'un veuf* (1886). « Voilà, note le poète, quelques pages amusantes (...) comme des notes d'un voyage à des pays fous » (*Œuvres en prose,* p. 62-66). Quelle manne pour le critique qui entend soumettre l'œuvre à une lecture psychanalytique ! La présence obsessionnelle du père, de la mort et de la ville peuvent donner lieu notamment aux plus étranges interprétations.

PRÉÉMINENCE DU RÊVE

Dans plusieurs poèmes de jeunesse restés inédits, Verlaine affirme déjà sans ambages la prééminence absolue du rêve sur le réel. S'il chante la fuite du monde, ce n'est que pour mieux célébrer le paradis imaginaire du poète :

> Oiseau, gazelle,
> Prêtez-moi votre vol ; éclair, emporte-moi ! (...)
> Loin de la terre,
> Loin de ce monde impur où le fait chaque jour
> détruit le rêve.
> « Aspiration » (Pléiade, p. 14-15)

Ce thème reparaît avec pleine vigueur dans les *Poèmes saturniens.* Plusieurs titres en témoignent : « Cauchemar », « Mon rêve familier »... Du reste, par-delà ses accents parnassiens un peu trop appuyés pour être sincères, le prologue du recueil affirme explicitement le choix du rêve par opposition aux lourdeurs prosaïques de l'action.

On conçoit que de tels textes aient fait une forte impression sur Rimbaud. Au point que certains critiques considèrent qu'ils sont à l'origine de la vocation du poète-adolescent. Le fait est, en tout cas, que le disciple dépassa son maître dans cette voie. Non seulement, comme Verlaine, il fait du rêve son authentique patrie ; mais il lui attribue une valeur métaphysique : le poète doit être un *voyant*, explorer l'inconnu, métamorphoser sa vie à l'image du rêve. Le poème devient alors musique triomphale, cantique exalté de ces certitudes. On est loin du chant hasardeux de Verlaine, de ses harmoniques disphanes et nuancées. Pour Rimbaud, la vie est un songe, ou plutôt le rêve a eu l'audace de s'incarner. Verlaine, lui, n'a pas cette foi ; il oppose irrémédiablement rêve et action, en choisissant tour à tour l'un ou l'autre.

Certains recueils — *La bonne chanson, Sagesse, Amour* — sont tout entiers marqués au coin du réalisme — voire du conformisme. D'autres, au contraire, comme les *Fêtes galantes*, ne sont qu'une longue rêverie. N'est-ce pas Verlaine lui-même, ce Pierrot, « rêveur lunaire » qui cabriole entre les frondaisons et s'arrête, stupéfait et angoissé, au détour d'une strophe :

> Ses manches blanches font vaguement par l'espace
> Des signes fous auxquels personne ne répond.
> « Pierrot », *Jadis et Naguère* (Pocket, p. 96)

LES RISQUES DU RÊVE

C'est qu'en effet, la rêverie qui traverse les objets et les dissout dans l'imaginaire, Verlaine la perçoit souvent comme dangereuse. Au lendemain de sa conversion, il assimile le rêve à la tentation, pour ne pas dire à la perdition. Ainsi, dans la trop éloquente « Prière du matin » (*Amour* ; Pléiade, p. 406), l'esprit « lâche et rebelle » se sent clairement appelé vers « l'humilité sainte » :

Mais lui, gardait son rêve infernalement laid.

Pour Verlaine, donc, le rêve est tout à la fois « la région où vivre » et un monstre dévorant qui préfigure la mort. Aussi sera-t-il tenté sans cesse de fuir la rêverie, de faire taire ce vertigineux mirage en lui — sans se rendre compte, semble-t-il, que c'est la source poétique elle-même qu'il tarit ainsi.

Dans la toute dernière semaine de sa vie, Verlaine achevait un long poème intitulé « Mort » (*Poèmes divers, Œuvres complètes*, Pléiade, p. 1039) : la mort y est clairement appelée — et si possible une mort violente qui rapidement vienne libérer le poète du rêve, cet « exode », cette façon de mort pour les vivants qui les arrache à eux-mêmes sans pour autant leur donner la paix. On le voit : l'élection du rêve comme seule patrie du poète a laissé place à une fuite panique. Sans doute parce que le rêve exprime bien moins des délices imaginaires qu'un refuge devant une radicale « difficulté d'être » comme disait Cocteau, le sentiment d'être « de trop ». Ce qui étouffe Verlaine, plus encore que les déboires et les échecs sans nombre de son existence dévastée, c'est son aspect artificiel, factice (cf. « Allégorie », *Parallèlement* ; Pocket, p. 229).

UN COMBAT DÉSESPÉRÉ

Lorsque, dans ses poèmes de jeunesse, Verlaine célébrait l'« égoïsme de marbre » des Parnassiens (*Vers dorés, Œuvres complètes*, p. 22), il aspirait à un art qui l'établirait dans la pérennité et la solidité du réel,

Tandis que le rêveur végète comme un arbre.

Par-delà la surenchère du prosélyte, il faut lire dans cette profession de foi une tentative pour dominer le songe dont il ne devinait que trop la puissance dévastatrice. Mais cette tentative est *désespérée* parce que totalement inadaptée au tempérament poétique de Verlaine — aussi désespérée que sa lutte contre l'alcoolisme, la pédérastie ou l'athéisme.

Du reste, tous les combats de Verlaine se résument peut-être dans cet antagonisme entre le rêve et le réel. C'est cet écartèlement fondamental qui commande l'alternance des œuvres réalistes ou oniriques[1]. C'est lui, bien sûr, qui dessine les méandres de la biographie du poète. Mais peut-être peut-on voir aussi dans cette lutte incessante l'origine de la recherche rythmique verlainienne : cette « claudication si émouvante » (J. Borel, Préface des *Œuvres complètes*, p. 51) qui domine sans cesse le déséquilibre selon un tempo inimitable.

Et cependant, malgré ses perpétuelles alternances, l'œuvre de Verlaine est profondément une ; malgré ses contradictions, elle est profondément vraie. Verlaine est bien ce poète déroutant qu'il décrit dans une pièce de *Parallèlement* significativement intitulée *Caprice* (Pocket, p. 279).

> Tour à tour souple drôle et monsieur somptueux,

chantre de la lune et de la mort, « au cœur plus blessé qu'une cible », mais qui croit trouver en ses vers de quoi « chauffer les sans femmes ni toits », « bercer les cœurs malechanceux » (sic),

> Bref, un type à se pendre à la Vieille Lanterne[2]
> Comme à marcher, gai proverbe, à la belle étoile.

Le poète, « faux pauvre et faux riche », est cependant « homme vrai », « le seul des hommes véritables ». C'est ce paradoxe absolu de la condition du poète qui fait à la fois son déséquilibre, son mouvement et son unité foncière :

> Poète, va, si ton langage n'est pas vrai,
> Toi l'es, et ton langage, alors !...

Langage plus pur, la poésie ne saurait se jauger à la norme habituelle de l'exactitude objective. La poésie est vraie parce qu'elle est belle.

---

1. Faites de rêve.
2. Allusion au poète Gérard de Nerval (1808-1853) qui se pendit dans la rue de la Vieille-Lanterne, à Paris, près du Châtelet.

Bibliographie
et discographie sommaires

Œuvres complètes

Nous avons beaucoup utilisé l'excellente édition de la Pléiade :
Paul Verlaine, *Œuvres poétiques complètes*, Gallimard, 1962,
  1495 pages. Texte établi et annoté par Y.-G. Le Dantec,
  édition revue, complétée et présentée par J. Borel.
Paul Verlaine, *Œuvres en prose complètes*, Gallimard, 1972,
  1549 pages. Texte établi, présenté et annoté par Jacques
  Borel.
Sans doute l'édition la plus complète et la plus documentée.

Iconographie

Album Verlaine, iconographie choisie et présentée par P. Petitfils, 319 p., Gallimard, 1981 : passionnant !

Editions en format de poche

Cf. ci-dessus p. 4.

Biographies

Ex- Mme P. Verlaine, *Mémoires de ma vie*, Flammarion, 1935 :
  on ne peut plus partial, comme on l'imagine.
Antoine Adam, *Le vrai Verlaine*, Droz, 1936.
  Verlaine, l'homme et l'œuvre, Hatier-Boivin, 1953.
Pierre Petitfils, *Verlaine*, Julliard, 1981, col. Biographies :
  l'ouvrage le plus complet et le plus documenté.

Etudes

Jacques-Henry Bornecque, *Verlaine par lui-même*, Le Seuil,
  « Ecrivains de toujours », 1966 : clair et enrichissant.

Paul CLAUDEL, *Paul Verlaine, poète de la nature et poète chrétien* in *Pages de Prose*, Gallimard, 1941, et *Œuvres en prose*, Bibliothèque de la Pléiade, Gallimard : une œuvre de poète plus que de critique.

O. NADAL, *Paul Verlaine*, Mercure de France, 1961.
   L'impressionnisme verlainien, Mercure de France, 1952 : une vision claire et originale.

J. RICHER, *Paul Verlaine*, Seghers, « Poètes d'aujourd'hui », 1953 : intéressant par son anthologie.

Discographie

Gaspard (« Gaspard Hauser chante » in *Sagesse* III, IV) G. Moustaki (disque Polydor 2393191) : la musique se marie parfaitement aux paroles.

« Colombine » (*Fêtes galantes*) G. Brassens (disque N° 3 *Chanson pour l'Auvergnat*, Philips 6499778) : original et trop peu connu.

« Mon rêve familier », « Soleils couchants », « Chanson d'automne », « Sérénade » (*Poèmes saturniens*) — « Green », « O triste... » (*Romances sans paroles*) — « Ecoutez la chanson bien douce », « L'espoir luit... » (*Sagesse*) — « L'art poétique » (*Jadis et Naguère*) — « Il patinait », « Ame, te souvient-il » (*Amour*) — « Les pensionnaires » (*Parallèlement*) Léo Ferré (disque et cassette Barclay 96006/07) : comme toujours avec Ferré, il s'agit de poèmes accompagnés de musique plutôt que de chansons.

Pastiches

Le meilleur est « Albes draps » de Paul Reboux et Charles Muller (*A la manière de...* B. Grasset, 1907 et Livre de poche N° 1255). Dans un intérêt historique, parce qu'écrits par des familiers de Verlaine : « Je suis venu clopant-clopin » de Frédéric Cazals et « Fête galante » d'A. Rimbaud (in *Les trésors du pastiche*, Pierre Horay, 1971).
Pastiches d'actualité politique à partir de « Mon rêve familier », « Colloque sentimental », « A Mme X » et « Ariettes oubliées VII » dans *A la manière d'eux* de Jean-Michel Royer (Jean-Claude Simoën, 1978) : amusant pour qui connaît bien les textes de Verlaine et les événements de l'actualité politique qui sont évoqués.

Index thématique

(Les chiffres renvoient aux pages du « Profil »)

		Poèmes satur.	Fêtes gal.	Bonne Chanson	Romances sans paroles	Sagesse	Jadis et Nag.	Paral.
Amour		25	26	27				28
Comique	51, 52	54						58 74
Couleurs		15, 16	17					
Décadent (et symboliste)	70						70	
Fantômes	39	39	40					
Fatalité	43	43						
Femme	25	25	26	27				28
Homosexualité								30 sqq.
Impressionnisme	17 20	18			18 20			
Mélancolie					41			
Mère	34							
Mort	37 sqq.							
Musicalité				65 66 67	65		93	
Parnasse		68 75						
Religion	46-50	46				47-48		
Rêve	73-75	73 59						
Rimbaud	32, 34						34 67	34
Rime		67					67	
(Ecole) romane	71							
Rythme	61	61	62		16 19	63	64 60	
Sensations	15 20	17						

COLLECTION PROFIL

Imprimé en France par l'Imprimerie Hérissey - 27000 - Évreux
Dépôt légal : 4606 - Octobre 1982 - Nº d'imp. : 30744